FILIPPO CATALDO

UNNÜTZES FUSSBALL-WM WISSEN

FILIPPO CATALDO

UNNÜTZES FUSSBALL-WM WISSEN

DIE KURIOSESTEN FAKTEN RUND UM DAS BELIEBTESTE SPORTEREIGNIS DER WELT

riva

Bibliografische Information der Deutschen Nationalbibliothek
Die Deutsche Nationalbibliothek verzeichnet diese Publikation in der Deutschen Nationalbibliografie. Detaillierte bibliografische Daten sind im Internet über http://dnb.d-nb.de abrufbar.

Für Fragen und Anregungen
info@rivaverlag.de

Wichtiger Hinweis
Ausschließlich zum Zweck der besseren Lesbarkeit wurde auf eine genderspezifische Schreibweise sowie eine Mehrfachbezeichnung verzichtet. Alle personenbezogenen Bezeichnungen sind somit geschlechtsneutral zu verstehen.

Originalausgabe
1. Auflage 2022

Türkenstraße 89
80799 München
Tel.: 089 651285-0
Fax: 089 652096

Redaktion: Dr. Ulrich Korn
Umschlaggestaltung: Isabella Dorsch
Umschlagabbildung: Thomas Bethge/shutterstock.com
Satz: Carsten Klein, Torgau
Druck: CPI books GmbH, Leck
Printed in in the EU

ISBN Print 978-3-7423-2125-1
ISBN E-Book (PDF) 978-3-7453-1900-2
ISBN E-Book (EPUB, Mobi) 978-3-7453-1901-9

Wir produzieren nachhaltig
www.m-vg.de

INHALT

VORRUNDE

Uruguay erhielt den Zuschlag für die erste WM 1930, weil alle anderen Interessenten ihre Meldungen zurückgezogen hatten. Sie wollten die Kosten für die Ausrichtung des Turniers nicht selbst tragen.

An der ersten WM durften alle interessierten Mannschaften teilnehmen. Wie viele andere europäische Nationen verzichtete auch Deutschland auf die Teilnahme. Für den DFB passte ein solches Turnier nicht mit seinen Vorstellungen vom Amateursport überein.

Aus Europa entschieden sich nach zähen Verhandlungen lediglich die Teams aus Jugoslawien, Rumänien, Frankreich und Belgien, die lange Reise nach Uruguay anzutreten. Die Delegationen aus Rumänien, Frankreich und Belgien reisten mit dem italienischen Dampfer *Conte Verde* in den südamerikanischen Winter. Auch FIFA-Boss Jules Rimet, der WM-Pokal, der rumänische König und die europäischen WM-Schiedsrichter waren an Bord. In Rio de Janeiro kam außerdem noch die Mannschaft Brasiliens an Bord. Die Überfahrt von Genua nach Montevideo dauerte 20 Tage.

Nur die jugoslawische Mannschaft reiste individuell nach Uruguay. Sie bestieg in Marseille das Schiff *Florida*.

Die *Conte Verde* fuhr ab 1932 nicht mehr nach Südamerika, sondern von Triest nach Schanghai. Ab 1938 wurde dies zu einer der wichtigsten Fluchtrouten für deutsche und österreichische Juden zu der chinesischen Stadt. 1943 wurde das in Schanghai feststeckende Schiff nach dem Waffenstillstand zwischen Italien und den Alliierten im Zweiten Weltkrieg zum ersten Mal versenkt; die Japaner bargen jedoch das Wrack, reparierten es und setzten es mit dem neuen Namen *Kotobuki Maru* als Kriegsschiff ein. 1944 wurde das Schiff bei einem US-Luftangriff vor Kyoto endgültig versenkt.

Fünf Tage vor dem Abflug der deutschen Nationalmannschaft zur WM 2014 in Brasilien war das deutsche WM-Quartier Campo Bahia noch nicht fertig. »Ich muss zugeben, dass ich das Projekt etwas unterschätzt habe. Fünf Tage vor unserer Abreise dorthin hat mich der Bauleiter angerufen und gesagt: ›Hier steht noch keine Küche‹«, erzählte Nationalmannschaftsmanager Oliver Bierhoff in einem Interview mit *SPOX*. In jenem Moment sei ihm bewusst geworden, »welche Verantwortung ich habe. Manche Spieler bereiten sich ewig auf so einen Karrierehöhepunkt vor, und dann gelingt es mir womöglich nicht, die Voraussetzungen für ein erfolgreiches Turnier zu schaffen. Und ich wusste, dass es wahrscheinlich mein berufliches Ende beim DFB gewesen wäre, hätte es mit dem Campo Bahia nicht geklappt.«

Ursprünglich sollte am Campo Bahia auch ein Zentrum für 300 Medienschaffende entstehen. Stattdessen wurden die Reporter in einem Hotel am Ort untergebracht. Um von Santo André zum Campo Bahia zu gelangen, muss man mit einer Fähre den Fluss João da Tiba überqueren.

Während der ersten Überfahrt des deutschen Teams bei der Ankunft in Brasilien am 8. Juni 2014 setzte der Mannschaftsbus mit dem Heck auf der Fähre auf und konnte nicht an Land fahren. Die Spieler wurden mit Minibussen in das Quartier gefahren.

Die externe Untersuchung der Affäre rund um die WM-Vergabe 2006 kostete den DFB 5,11 Millionen Euro. 42 Anwälte der Kanzlei Freshfields Bruckhaus Deringer werteten für den Untersuchungsbericht ab Herbst 2015 insgesamt 740 Aktenordner und 128 000 elektronische Dokumente aus. Die Kernfrage, wofür die 6,7 Millionen Euro waren, die sich das WM-Organisationskomitee um Franz Beckenbauer 2002 vom früheren Adidas-Chef Robert Louis-Dreyfus geliehen hatte und das der DFB später über die FIFA an den mittlerweile verstorbenen Unternehmer zurückzahlte, konnte der Bericht nicht aufklären.

Indien verzichtete 1950 trotz Qualifikation auf die Teilnahme an der WM, weil die FIFA den Spielern des Subkontinents verbot, barfuß spielen zu dürfen.

Von der TV-Reportage des WM-Finales 1954 von Bernhard Ernst gibt es keine Aufzeichnung. Fernsehbilder konnten damals aus technischen Gründen noch nicht aufgezeichnet werden, die Tonspur seiner Reportage gilt als verschollen. Nur so konnten sich die legendären Sätze von Herbert Zimmermann (»Aus dem Hintergrund müsste Rahn schießen. Rahn schießt ... Tooooor! Tooooor! Tooooor! Tooooor!«) aus seiner Radioreportage vom Finale ins kollektive Gedächtnis der deutschen Fußballfans brennen. Auf Initiative des Sportjournalisten Rudi Michel unterlegte ein Team des Südwestfunks die Aufnahmen des offiziellen FIFA-Finalfilms mit dem Ton der Radioreportage.

Rudi Michel war bei der WM 1954 für den Südwestfunk als Radiojournalist vor Ort. Für das Fernsehen kommentierte er die verlorenen deutschen WM-Finals 1966, 1974 und 1982. Er bezeichnete sich selbst als »Niederlagensprecher«.

Herbert Zimmermanns letzte Live-Radioreportage eines Fußballspiels war das WM-Finale 1966 in England. Zimmermann war ein Onkel des früheren Grünen-Bundestagsabgeordneten und Alt-Linken Hans-Christian Ströbele.

Ein paar Spieler von Australiens Nationalmannschaft engagierten vor einem Qualifikationsspiel zur WM 1974 gegen Simbabwe in Mosambik einen Medizinmann, der den Gegner verfluchen sollte. Der Medizinmann tat wie ihm befohlen und vergrub unter anderem noch ein paar Hühnerknochen neben dem Torpfosten. Australien gewann das Spiel. Da die Spieler die plötzlich geforderten 1000 Dollar Honorar schuldig blieben, kehrte der Medizinmann den Fluch um. Das behauptete zumindest Australiens langjähriger Kapitän John Warren zeit seines Lebens. Die »Socceroos« konnten sich jedenfalls erst 2006 wieder für eine WM qualifizieren. Zuvor war der australische Satiriker und Dokumentarfilmer John Safran nach Mosambik gereist und hatte einen Nachfolger des damaligen Medizinmannes gebeten, den Fluch aufzuheben. In einer Zeremonie, die im Übrigen vorsah, dass Safran sich mit Hühnerblut beschmieren musste, wurde dieser Bitte entsprochen. Seitdem qualifizierte sich Australien bis 2018 für jede WM. Womöglich könnte dabei auch eine Rolle gespielt haben, dass Australien seit 2007 Mitglied des asiatischen Fußballverbands ist. Asien hat vier feste Plätze bei den Weltmeisterschaften, der Meister des ozeanischen Verbands muss dagegen stets noch ein Play-off-Spiel gegen den Fünften des südamerikanischen Verbands spielen.

Argentiniens Vizeweltmeister Sergio »Kun« Agüero hat seinen Namen als Tattoo auf seinem Arm verewigt – auf Elbisch, der Fantasiesprache aus *Der Herr der Ringe*. Er hat aber weder die Bücher gelesen noch die Filme je gesehen.

Spaniens Stürmer Fernando Torres hat auf seinem Arm den Namen Fernando auf Elbisch tätowiert.

Lionel Messis Spitzname ist »La Pulga«, der Floh.

Uruguay gewann zweimal die FIFA-WM (1930 und 1950), trägt aber wie Deutschland und Italien vier Sterne auf dem Trikot. Grund: Die FIFA erkannte in den 1920er-Jahren die Siege Uruguays bei den olympischen Fußballturnieren 1924 in Paris und 1928 in Amsterdam in Ermangelung eines eigenen Turniers gleichzeitig als Weltmeisterschaftssieg an. Vor der WM 2010 machte die FIFA diese Entscheidung aus dem vergangenen Jahrhundert rückgängig und ordnete an, Uruguay dürfe nur zwei WM-Sterne auf der Brust zeigen. Der Verband integrierte die vier Sterne kurzerhand ins offizielle Verbandswappen.

Die Sportschule Malente, das Quartier der DFB-Elf während der WM 1974, wurde aus Angst vor Angriffen der RAF von Beamten der Antiterroreinheit GSG9 gesichert. Die Nationalspieler fanden dennoch immer wieder Mittel und Wege, um aus der Sportschule auszubüxen.

Kapitän Franz Beckenbauer etwa soll immer wieder die Schauspielerin Heidi Brühl in ihrem Hotelzimmer besucht haben; Sepp Maier und Uli Hoeneß fuhren einmal nach Hamburg, um bei ihren Ehefrauen zu nächtigen. »Wir haben einen Polizisten überredet, uns in seinem Privatwagen nach Hamburg zu fahren. Der fuhr uns zu langsam, Sepp hat das Steuer übernommen, der Polizist auf dem Rücksitz geschlafen. Plötzlich sagt Sepp: ›Du, Uli, die Bremse funktioniert nicht.‹ Er hat dann ständig die

Handbremse gezogen. In Hamburg hatte er solche Blasen an den Fingern, dass es fraglich war, ob er beim nächsten Spiel im Tor stehen könnte. Und zurück dann dasselbe noch mal«, erinnerte sich Hoeneß in einem Interview mit der *Süddeutschen Zeitung*.

Neymar absolvierte 2018 in Russland fünf Spiele für Brasilien, erzielte dabei zwei Tore, gab zwei Vorlagen und wechselte zweimal seine Frisur. War er mit der sogenannten und viel verspotteten Spaghetti-Frisur ins Turnier gestartet, hatte er sich nach dem ersten Spiel – und millionenfachem Spott in den sozialen Netzwerken – die blondierten Locken kürzer schneiden lassen. Später ließ er sich noch einen Pfeil auf den Hinterkopf rasieren.

Im Achtelfinale gegen Mexiko lag Neymar insgesamt fünf Minuten und 29 Sekunden mehr oder weniger verletzt auf dem Rasen. Neymar war bis zu Brasiliens Aus im Viertelfinale der meistgefoulte Spieler der WM. Weil er nach einigen Fouls aber sehr spektakulär litt, wurde er weltweit als Schwalbenkönig verspottet.

Bei der WM 2014 brach sich Neymar im Spiel gegen Kolumbien den dritten Lendenwirbel; der Kolumbianer Juan Zúñiga war dem damals 22-Jährigen in den Rücken gesprungen. Neymar verpasste dadurch das 1:7 gegen Deutschland im Halbfinale.

Hidetoshi Nakata, größter Star der japanischen Nationalmannschaft bei den Weltmeisterschaften 1998, 2002 und 2006 und Japans Rekord-WM-Spieler, kam über die Manga-Comicserie *Captain Tsubasa* zum Fußball. »In Japan war vor 20, 30 Jahren vor allem Baseball populär, Fußball war erst ganz am Anfang. Ich hatte keine Vorbilder im Fußball und keine Lieblingsmannschaft. Aber es gab diesen Comic *Captain Tsubasa*, und als ich die Bücher las, begann ich den Fußball zu lieben«, sagte Nakata in einem Interview mit der FIFA.

Nakata, der wegen seiner gefärbten Haare und einer gewissen Mode-Affinität auch der »Beckham Asiens« genannt wurde, beendete 2006 im Alter von nur 29 Jahren seine aktive Karriere. Heute produziert er unter anderem Edel-Sake, auch mit KitKat-Geschmack. Eine Flasche von Nakatas Reiswein kostet bis zu 2500 Euro.

Yoichi Takahashi, der Erfinder der Comicreihe *Captain Tsubasa*, ließ sich Anfang der 1980er-Jahre von der Karriere des japanischen Fußballpioniers Kazuyoshi Miura für seine Hauptfigur inspirieren. Tsubasa wie Miura stammen aus der Präfektur Shizuoka; beide gingen in jungen Jahren nach Brasilien, um bessere Fußballer zu werden, und beide legten internationale Karrieren hin. Im Gegensatz zur Comicfigur blieb Kazu Miura der WM-Traum verwehrt. Zwar trug Miura mit einigen Toren dazu bei, dass sich Japan 1998 zum ersten Mal überhaupt für eine WM qualifizierte, doch Nationaltrainer Takeshi Okada nominierte den bisweilen zur Exzentrik neigenden größten Star des Landes nicht für die WM.

2012 nahm Kazuyoshi Miura dann doch noch an einer Weltmeisterschaft teil – im Futsal. Japan schied im Achtelfinale aus.

Seit dem 5. März 2017 gilt Kazuyoshi Miura als ältester aktiver Fußballprofi der Geschichte. In der Saison 2021 absolvierte der damals 53-Jährige vier Kurzeinsätze für Yokohama FC in der ersten japanischen Liga, konnte aber den Abstieg nicht verhindern. 2022 wurde er von Yokohama an die viertklassigen Suzuka Point Getters, die von seinem Bruder Yasutoshi Miura trainiert werden, ausgeliehen.

Der brasilianische Schiedsrichter Rêgo pfiff das Spiel Argentinien gegen Frankreich 1930 beim Stand von 1:0 für die Südamerikaner sechs Minuten zu früh ab – mitten während eines Angriffs der Franzosen. Er gab letztlich den wütenden Protesten nach und ließ die sechs Minuten nachspielen. Am Ergebnis änderte sich nichts mehr.

Der Beton für den Bau des WM-Stadions Estadio Centenario wurde vor der WM 1930 per Schiff aus Deutschland importiert. In ganz Südamerika gab es damals keine Zementfabrik, die groß genug war, um den Auftrag erfüllen zu können. Der deutsche Beton kam im Februar 1930 in Montevideo an, das WM-

Stadion wurde erst am 18. Juli 1930 eröffnet – als die WM schon fünf Tage lief. Das erste Spiel der WM zwischen Frankreich und Mexiko fand daher im kleineren, 15 000 Zuschauer fassenden und 1921 eröffneten Estadio Pocitos in Montevideo statt.

Am Tag des ersten Spiels schneite es in Montevideo. Gerade einmal 3000 Zuschauer verfolgten das 4:1 Frankreichs gegen Mexiko live im Stadion.

Das erste offizielle Eröffnungsspiel wurde erst bei der WM 1958 eingeführt. Gastgeber Schweden eröffnete das Turnier gegen Mexiko.

Alfred Eisenbeisser, bei der WM 1930 für Rumänien aktiv, trat 1936 bei den Olympischen Spielen im Paarlauf des Eiskunstlaufs an. Eisenbeisser, 1908 im damals österreich-ungarischen, später rumänischen und heute ukrainischen Czernowitz geboren, war sechsmal rumänischer Meister im Eiskunstlauf und gewann mit verschiedenen Vereinen viermal die Fußballmeisterschaft in der rumänischen Divizia A. In Rumänien wurde Eisenbeisser, der 1991 in Berlin verstarb, vor allem als Alfred Fieraru bekannt.

Das 4:2 Deutschlands gegen Costa Rica 2006 ist bislang das torreichste Eröffnungsspiel der WM-Geschichte.

Nur Italien 1934 und England 1966 absolvierten das erste WM-Spiel und gewannen am Ende auch das jeweilige Turnier.

Der langjährige deutsche Rekordtorschütze Gerd Müller war gelernter Weber.

Miroslav Klose, Gerd Müllers Nachfolger als deutscher Rekordtorschütze, ist gelernter Zimmermann. Seine 16 Tore bei Weltmeisterschaften hat bisher niemand übertroffen.

Der Killer, der Kolumbiens Verteidiger Andrés Escobar im Juli 1994 in einer Bar in Medellín erschoss, soll, unmittelbar bevor er das Feuer eröffnete, »Gooooooool« gerufen haben. Escobar hatte neun Tage vor seiner Ermordung bei der WM 1994 im Spiel gegen die USA eine Flanke unglücklich zum Eigentor abgefälscht. Kolumbien, als Geheimfavorit ins Turnier gestartet, schied aus.

Es wurde nie ermittelt, ob Escobars Mörder Humberto Muñoz Castro im Auftrag der kolumbianischen Wettspielmafia oder aus Enttäuschung über das frühe Ausscheiden des als Geheimfavorit in die WM gestartete Kolumbien handelte. Castro arbeitete als Bodyguard und Fahrer für kolumbianische Drogenbosse, er wurde im Juni 1994 zu 43 Jahren Haft verurteilt, kam aber 2005 wegen guter Führung auf freien Fuß.

Andrés Escobar war weder verwandt noch verschwägert mit Kolumbiens mächtigem Drogenboss Pablo Escobar, sondern war Sohn eines Bankers. Allerdings war Pablo Escobar Eigentümer von Andrés Escobars Klub Atlético Nacional.

Zu Andrés Escobars Beerdigung in Medellín kamen 120 000 Menschen.

Italiens Weltmeister Vincenzo Iaquinta wurde 2018 bei einem großen Mafiaprozess in Bologna unter anderem wegen illegalen Waffenbesitzes und Unterstützung einer kriminellen Organisation zu einer Haftstrafe von zwei Jahren verurteilt. Zwei Jahre später bestätigte das Berufungsgericht das Urteil. Iaquintas Vater wurde sogar wegen Mitgliedschaft in der kalabrischen 'Ndrangheta erstinstanzlich zu 19 Jahren Haft verurteilt. Vincenzo Iaquinta hat die Vorwürfe stets bestritten.

Lothar Matthäus ist gelernter Raumausstatter. Der deutsche Rekordnationalspieler erklärte einmal, dass er bis heute seine Joghurts im Kühlschrank nach einer während seiner Ausbildung gelernten Ordnung sortiert.

Lothar Matthäus wohnte 1990 nur 10 Kilometer vom deutschen WM-Quartier im Castello di Casiglio am Comer See entfernt. Vor dem Quartier parkte der Peugeot 205 Cabrio des WM-Kapitäns und Profis von Inter Mailand zur freien Verfügung der gesamten Mannschaft. Der Schlüssel steckte. »Wir hatten unsere Freiheiten und jeder konnte in dieser Zeit machen, was er wollte. In Italien gibt es kleine Straßen, deshalb übrigens das für Fußballerverhältnisse eher kleine Auto«, so Matthäus.

Franz Beckenbauer wohnte im WM-Quartier im Turmzimmer des Schlosses. Noch heute richtet ihm das Hotel das Zimmer her, wenn der damalige Teamchef in der Gegend ist.

Eine Nacht im Castello di Casiglio kostete im Sommer 2022 ab 218 Euro.

George Weah, Weltfußballer des Jahres 1995 und seit dem 22. Januar 2018 Staatspräsident Liberias, spielte nie bei einer WM.

Rumäniens König Carol II. stellte den WM-Kader seines Landes für die WM 1930 zusammen. Der fußballverrückte König war gerade einmal 35 Tage vor Beginn des Turniers in Uruguay an die Macht gekommen. Er setzte Himmel und Hölle in Bewegung, um seine Mannschaft noch rechtzeitig für das Turnier anzumelden und überredete höchstselbst die Arbeitgeber der Nationalspieler, den Angestellten für den Zeitraum von drei Monaten bezahlten Urlaub zu gewähren. Natürlich nahm Carol II. an den Trainingseinheiten der Nationalmannschaft auf dem Schiffsdeck der *Conte Verde* während der Überfahrt nach Uruguay persönlich teil. Immerhin verzichtete der Monarch darauf, sich während Rumäniens zwei WM-Spielen selbst einzuwechseln.

Marco Reus zog sich während des letzten Vorbereitungsspiels der DFB-Elf vor der Abreise nach Brasilien einen Riss des Syndesmosebands im linken Sprunggelenk zu und verpasste so die WM 2014. Für den als Stammspieler und Hoffnungsträger vorgesehenen Offensivstar nominierte Bundestrainer Joachim Löw Verteidiger Shkodran Mustafi von Sampdoria Genua nach. WM-Siegtorschütze Mario Götze hielt bei der Siegerehrung aus Solidarität das Trikot von Marco Reus in die Kamera.

Shkodran Mustafi absolvierte während seiner Karriere bislang nur 13 Spiele in der deutschen Bundesliga. In der Rückrunde der für seinen Verein katastrophalen Saison 2020/21 spielte er für den FC Schalke 04. Nach dem Abstieg wechselte er im September 2021 zu UD Levante in Spanien.

Oliver Bierhoff verbrachte nur seine ersten vier Profijahre in Deutschland. In der Saison 1986/87 gewann er mit den A-Junioren von Bayer Uerdingen die deutsche A-Junioren-Meisterschaft und bestritt zudem seine ersten 19 Bundesligaeinsätze. Von 1987 bis 1990 kamen beim Hamburger SV und Borussia Mönchengladbach noch 54 dazu. In seinen 73 Bundesligaspielen kam er auf zehn Tore. In Österreich erzielte er später 23 Tore in 33 Spielen, in Italien 104 Treffer in 220 Spielen und in Frankreich noch fünf Tore in 18 Spielen. Zum Nationalspieler wurde Bierhoff erst 1996 mit 27 Jahren.

Oliver Bierhoffs Vater Rolf Bierhoff war Vorstandsmitglied beim Energieversorger RWE AG und Amateurfußballer. In den 1950er-Jahren spielte der Torwart bei der SG Düren 99 gemeinsam mit Karl-Heinz Schnellinger, einem der ersten deutschen Legionäre in der Serie A. Dem viermaligen WM-Teilnehmer Schnellinger (1958, 1962, 1966 und 1970) gelang sein einziger Nationalmannschaftstreffer 1970 im »Jahrhundertspiel« gegen Italien. Tatsächlich sorgte Schnellinger mit seinem Ausgleichstreffer in der 91. Minute sogar dafür, dass die Hitzeschlacht von Mexiko-Stadt überhaupt erst zur epischen Fußballschlacht werden konnte.

Der niederländische Torwart und Doppel-Vizeweltmeister Jan Jongbloed spielte bei der WM 1974 ohne Handschuhe. Begründung: »Sonst kann ich den Ball nicht fühlen.« 1978 ging es dann aber auch mit Handschuhen. Jongbloed war 1974 bereits 34 Jahre alt und war von Nationaltrainer Rinus Michels vor allem wegen seiner fußballerischen Qualitäten nominiert worden; die »Elftal« kickte damals schon mit einem mitspielenden Torwart.

Piet Schrijvers, der den verletzten Jongbloed bei der WM 1978 drei Spiele lang vertrat, wurde wegen seiner 100 Kilogramm Lebendgewicht »De Beer van De Meer«, der Bär vom Meer genannt. Weil sich Schrijvers im letzten Hauptrundenspiel gegen Italien verletzte, stand im Finale gegen Argentinien wieder Jongbloed im Kasten.

Jan Jongbloeds Sohn Eric war ebenfalls Torwart. Er starb 21-jährig während eines Spiels seines Klubs AFC DWS, als er vom Blitz getroffen wurde.

Die Nationalmannschaft von Trinidad und Tobago, die 2006 zum ersten und bis heute einzigen Mal an einer WM teilnahm, wird auch »Soca Warriors« genannt. Während der WM hatten die Kicker aus der Karibik ihr Quartier in Rotenburg/Wümme aufgeschlagen.

Nordirland qualifizierte sich dreimal für eine WM. Nur 1986 war nach der Gruppenphase schon Schluss. 1958 erreichte die Mannschaft das Viertelfinale, 1982 die Zwischenrunde.

George Best, 1968 Gewinner des *Ballon d'Or* und mit Abstand der beste Fußballer in der Geschichte Nordirlands und einer der ersten globalen Medienstars des Fußballs, nahm nie an einer WM teil. Best war 1978 nach Morddrohungen der Terrororganisation IRA aus der Nationalmannschaft zurückgetreten. Nationaltrainer Billy Bingham verwarf die Idee eines Comeback Bests zur WM 1982 wegen dessen damals schon recht weit fortgeschrittenen Alkoholismus.

Best hörte selbst nach einer Lebertransplantation im Jahr 2002 nicht auf zu trinken und starb im November 2005 in London an Multiorganversagen. An seiner Beerdigung in Belfast nahmen mehr als 100 000 Menschen teil.

Nachdem sich die Nationalmannschaft Haitis für die WM 1974 in Deutschland qualifiziert hatte, rief Diktator Jean-Claude »Baby Doc« Duvalier einen Nationalfeiertag aus. Jeder WM-Fahrer erhielt außerdem eine Prämie von 2000 Dollar, damals rund sieben durchschnittliche Jahresgehälter eines Haitianers. Zuvor schon hatte der fußballbegeisterte Diktator jeden Nationalspieler per Dekret zum Beamten im Unterrichtsministerium ernannt.

Christoph Kramer kann sich nicht an das WM-Finale 2014 erinnern. Der Verteidiger war in der 16. Minute vom Argentinier Ezequiel Garay mit der Schulter hart am Kopf getroffen und zu Boden gerammt worden. Kramer spielte zunächst weiter. Nach einer Weile ging Kramer zu Finalschiedsrichter Nicola Rizzoli und fragte: »Schiri, ist das das Finale?« »Ich dachte, er macht einen Witz,« so Rizzoli, »und sagte, er solle die Frage wiederholen. Da meinte er: ›Ich muss wissen, ob das wirklich das Finale ist.‹ Ich sagte verblüfft Ja, und er antwortete: ›Danke, das war wichtig, das zu wissen‹«, erzählte Rizzoli der *Gazzetta dello Sport*. Der Schiedsrichter habe daraufhin »Bastian Schweinsteiger informiert, und Kramer ist ersetzt worden«. Kramer wurde in der 30. Minute ausgewechselt, für ihn kam André Schürrle, der das Siegtor vorbereitete.

Kramer konnte trotz seiner Gehirnerschütterung an der Siegerehrung teilnehmen. Dem TV sagte er nach dem Triumph: »An viel kann ich mich nicht erinnern, aber das ist auch egal jetzt.« Und ergänzte noch: »Ich muss einen Gruß an meine Oma senden, die hatte Geburtstag.«

Kramer leidet an einer sogenannten kongraden Amnesie. Darunter versteht man einen Gedächtnisverlust, der nur ein bestimmtes Ereignis einschließt, nicht aber die Zeit davor und danach.

Torwart Henri Françillon konnte zwar die drei Vorrundenniederlagen Haitis bei der WM 1974 nicht verhindern, aber er hielt im Münchner Olympiastadion so spektakulär, dass Trainer Max Merkel den Keeper kurzerhand für den TSV 1860 München verpflichtete. Françillon, dessen Spitzname »Panther« war, absolvierte fünf Zweitligaspiele. Nach dem Ende der Saison zog er zurück in die Heimat.

Die WM 1986 hätte eigentlich in Kolumbien stattfinden sollen. 1974 war die Endrunde an den seinerzeit einzigen Bewerber Kolumbien vergeben worden. Unter anderem wegen des Aufstiegs des Drogenbarons und Narco-Terroristen Pablo Escobar gab Kolumbien 1982 die WM zurück. 1983 wurde Mexiko, das die WM bereits 1970 ausgerichtet hatte, von der FIFA einstimmig zum Ausrichter bestimmt. Mexiko setzte sich gegen die USA, Brasilien und Kanada durch.

Pelé, Franz Beckenbauer und Henry Kissinger hatten 1983 die Bewerbung der USA unterstützt.

Der offizielle Slogan der WM 2006 war »Die Welt zu Gast bei Freunden«. Offizieller Slogan der ebenfalls in Deutschland stattgefundenen WM der Frauen 2011 war »Wiedersehen bei Freunden – Welcome back«.

Argentiniens Trainer César Luis Menotti verweigerte dem argentinischen Diktator Jorge Rafael Videla nach dem WM-Triumph 1978 bei der Siegerehrung den Handschlag.

Auch die Spieler und Funktionäre des unterlegenen Finalgegners Niederlande verweigerten dem Diktator sämtliche Ehrerbietungen.

Berti Vogts, Kapitän der deutschen WM-Elf 1978, äußerte sich zur politischen Situation im Gastgeberland damals wie folgt: »Argentinien ist ein Land, in dem Ordnung herrscht. Ich habe keinen einzigen politischen Gefangenen gesehen.« Diese Aussage bereute Vogts Jahre später zutiefst.

Franz Beckenbauer sagte 2013 nach erschütternden Berichten über die Arbeitsbedingungen der Wanderarbeiter für die Bauten der WM 2022 in Katar: »Ich habe noch keinen einzigen Sklaven in Katar gesehen. Ich weiß nicht, woher diese Berichte kommen. Ich war schon oft in Katar und habe deshalb ein anderes Bild, das, glaube ich, realistischer ist.«

Amnesty International geht davon aus, dass unter anderem Nordkorea 3000 Arbeitssklaven zum Bau der WM-Stadien nach Katar geschickt hat. Nach Recherchen des *Guardian* starben von 2011 bis 2020 6751 Arbeitsmigranten aus Indien, Bangladesch, Nepal, Pakistan und Sri Lanka in Katar, allerdings nicht alle auf den Baustellen für die WM-Stadien. FIFA-Präsident Gianni Infantino sagte Anfang 2022 bei einer Rede vor dem Europarat in Straßburg: Es sei »einfach nicht wahr«, wenn von 6500 toten Arbeitern auf den WM-Baustellen berichtet würde, »es sind drei. Drei sind immer noch zu viel, aber zwischen drei und 6500 ist ein großer Unterschied.« Die Arbeitsbedingungen seien vergleichbar mit denen in Europa.

Im Oktober 2021 zog der Schweizer Infantino von Zürich nach Katar. Zwei seiner vier Kinder wurden in Doha eingeschult. »Die Vorbereitung und Durchführung der Fußballweltmeisterschaften in Katar sind sowohl für den Fußball und die FIFA als auch für Katar ein Projekt von herausragender Bedeutung«, ließ Infantino verlauten. Die WM werde »in die Geschichte der Region und der Fifa eingehen«. Dafür lohnen sich »auch die größten Anstrengungen«. Die FIFA stellte jedoch klar, dass ihr Präsident nach wie vor in der Schweiz Steuern zahle und regelmäßig in Zürich arbeite.

Die deutschen Nationalspieler haben mit Blick auf die WM in Katar von Thomas Hitzlsperger, dem DFB-Botschafter für Vielfältigkeit, den Rat bekommen, »nur über Dinge zu reden, über die sie Bescheid wissen«. Ex-Nationalspieler Hitzlsperger, der seine Homosexualität nach dem Ende seiner aktiven Karriere öffentlich erklärte, kritisierte die Vergabe der WM an Katar in einer Diskussionsveranstaltung über Rechte der LGBTIQ+-Community, an der auch die deutsche Nationalmannschaft teilnahm, deutlich. »Das größte Problem ist die Vergabe durch die FIFA. Dass es möglich ist, dass Staaten wie Katar und Russland solche Großveranstaltungen ausrichten dürfen«, sagte Hitzlsperger, der auch nicht glaubt, dass der DFB, die Nationalmannschaft und andere Verbände das Land durch die Debatten und den Dialog verändern werden. Homosexualität ist in Katar illegal, kann sogar mit dem Tod bestraft werden. Hitzlsperger wird die WM in Katar dennoch besuchen. »Ich habe keine große Angst«, sagte er.

Mehmet Scholl, Europameister von 1996 und 36-maliger Nationalspieler, nahm nie an einer WM teil. 1998 verzichtete Bundestrainer Berti Vogts auf eine Nominierung des Edeltechnikers, kurz vor der WM 2002 beendete Scholl wegen diverser Verletzungsprobleme seine Nationalmannschaftskarriere. Als der Europameister von 1996 fußballerisch während der Saison 2005/06 seinen mindestens vierten Frühling feierte, ignorierte Bundestrainer Jürgen Klinsmann die lauten Rufe unter anderem von Lothar Matthäus, Scholl als Edeljoker für die Heim-WM mitzunehmen.

Die niederländische Nationalmannschaft schlug ihr Quartier 2014 an Rio de Janeiros legendärem Partystrand Ipanema auf.

2010 war das Hotel »Intercontinental« in Rio de Janeiro Schauplatz eines 40 Minuten dauernden Schusswechsels zwischen rivalisierenden Drogenbanden. Im Zuge dessen wurden 35 Geiseln genommen, bei der Befreiungsaktion durch die Polizei starb eine Geisel. Das Hotel wurde nach dem Zwischenfall in »Royal Tulip« umbenannt, 2014 residierte in dem Luxushotel mit Blick auf die Favela Rocinha die englische Nationalmannschaft.

Die deutsche Nationalmannschaft empfing 1978 kurz vor dem Start der WM den früheren Wehrmachtsoberst Hans-Ulrich Rudel, der sich nach dem Krieg nach Argentinien abgesetzt hatte und sich dort zum Beispiel als Fluchthelfer für NS-Kriegsverbrecher verdingte. Bei der Bundestagswahl 1953 war Rudel Spitzenkandidat der rechtsextremen Deutschen Reichspartei gewesen. Kritik an der Einladung des Alt-Nazis bezeichnete der damalige DFB-Präsident Hermann Neuberger als »Beleidigung aller deutschen Soldaten«.

Neuberger wurde in FIFA-Kreisen auch »Hermann the German« genannt. Er leitete die Organisationskomitees aller Weltmeisterschaften von 1978 bis 1990.

Neuberger war unter anderem auch Geschäftsführer der Spielbank Saarbrücken und Direktor der Saarland Sporttoto GmbH.

Perus WM-Teilnehmer von 1978 José Velásquez Castillo behauptete 2018, dass sich insgesamt sechs Spieler Perus im Spiel gegen Argentinien bestechen ließen, um den Gastgebern einen Sieg mit mindestens vier Toren Unterschied zu ermöglichen. Vor dem Spiel waren der argentinische Diktator Jorge Videla und US-Außenminister Henry Kissinger in der Kabine Perus aufgetaucht. »Videla kam mit Kissinger herein. Er sprach zu uns von den ›argentinischen Brüdern‹. Er las uns ein Kommuniqué von Morales Bermúdez vor, das betonte, dass wir immer zusammengearbeitet haben, dass sie uns verteidigt hätten. Das alles wirkte wie eine versteckte Drohung für uns«, erzählte Velásquez der peruanischen Zeitschrift *Trome.* Der britische Journalist David Yallop hatte bereits 1999 über den Auftritt von Varela und Kissinger in der Kabine berichtet. Laut seiner Recherchen seien damals drei peruanische Spieler für jeweils 20 000 Dollar gekauft gewesen. Die argentinische Regierung habe Peru außerdem die Lieferung von 35 000 Tonnen Getreide zugesichert und einen zuvor eingefrorenen Kredit über 50 Millionen Dollar wieder freigegeben.

Ein damaliger Mannschaftskamerad von Velásquez Castillo behauptete zudem, dass es im Gegenzug auch Bestechungsversuche Brasiliens gegeben habe. Argentinien benötigte einen Sieg mit vier Toren Unterschied zum Finaleinzug. Peru verlor 0:6.

Köln durfte 1974 keine WM-Spiele austragen, weil sich die Kommune geweigert hatte, mindestens 150 Millionen DM für den geplanten Neubau des damaligen Müngersdorfer Stadions zu bezahlen. Stattdessen wurde Dortmund mit dem neu errichteten Westfalenstadion Austragungsstadt.

Das alte Müngersdorfer Stadion wurde dennoch abgerissen und in der Saison 1973/74 neu errichtet: Das 61 000 Zuschauer fassende Stadion kostete 45 Millionen DM. Von 2001 und 2004 wurde das Stadion erneut abgerissen und neu errichtet, diesmal allerdings in Etappen. Nach 30 Monaten war das Kölner WM-Stadion für 2006 fertig. Die reine Fußballarena, heute als Rheinenergiestadion bekannt, kostete 117,5 Millionen Euro.

Im WM-Stadion 974 in der katarischen Hauptstadt Doha wurden 974 Schiffscontainer verbaut. Nach dem Turnier kann das Stadion komplett zerlegt und anderswo hin transportiert und wiederaufgebaut werden. Möglich ist auch, einzelne Bereiche des modularen Stadions für bestimmte Events anzumieten.

Die acht Stadien für die WM in Katar liegen nahe beieinander. Die geringste Entfernung zwischen zwei Stadien beträgt 4,5 Kilometer, die weiteste 55 Kilometer.

Der berühmte Zettel, den Deutschlands Torwart Jens Lehmann sich während des Elfmeterschießens im Viertelfinale gegen Argentinien 2006 vor jedem Schützen aus dem Stutzen holte und ausgiebig studierte, wurde 2014 bei der Spendengala »Ein Herz für Kinder« für 1 Million Euro versteigert. Neuer Besitzer des gelben Notizzettels mit dem Logo des Berliner Schlosshotels im Grunewald war der Arbeitsdirektor des Energiekonzerns EnBW Bernhard Beck.

Lehmann war beim 5:3 gegen Argentinien nach Elfmeterschießen bei allen vier Elfmetern in die richtige Ecke gehechtet und hatte zwei pariert. Der von Bundestorwarttrainer Andreas Köpke mit Bleistift beschriebene Zettel mit Informationen zu potenziellen argentinischen Schützen hatte Lehmann aber »nicht wirklich geholfen«. Auf dem Zettel standen nur Informationen zu zwei tatsächlichen Schützen.

Die Informationen zu Juan Román Riquelme (»links hoch«) und Torjäger Hernán Crespo (»langer Anlauf/rechts, kurzer Anlauf/links«) waren genauso nutzlos wie die zu Lionel Messi (»links«); erstere waren bereits ausgewechselt, Messi gar nicht eingesetzt worden. Auch das mutmaßliche Schussverhalten von Gabriel Heinze (»6 links flach«) und Pablo Aimar (»16 lange warten links«) brachte Lehmann nichts, sie wurden nicht fürs Elfmeterschießen berücksichtigt.

Zum ersten Schützen Julio Ricardo Cruz hatte Köpke keine Infos aufgeschrieben, beim zweiten und dritten dafür aber die richtigen. Roberto Ayala (»lange warten, langer Anl. rechts«) nahm tatsächlich einen langen Anlauf und schoss nach rechts. Lehmann blieb lange stehen und hielt.

Maxi Rodríguez schoss, wie prognostiziert, nach links, jedoch erreichte Lehmann den Schuss nicht. Zum letzten argentinischen Schützen Esteban Cambiasso hatte Köpke wieder nichts auf den Zettel geschrieben. Lehmann schaute trotzdem lange auf den Spickzettel, erriet die richtige Ecke und hielt den Ball. Deutschland hatte alle seine vier Elfmeter verwandelt.

Das Deutsche Reich hatte sich neben Brasilien und Argentinien für die Ausrichtung der WM 1942 beworben. Der FIFA-Kongress 1940, bei dem über den Ausrichter der WM entschieden werden sollte, wurde kurze Zeit nach Deutschlands Überfall auf Polen 1939 und dem Beginn des Zweiten Weltkriegs abgesagt. Die FIFA hatte zuvor schon allgemein die Politik der Nationalsozialisten gerügt. Die nächste WM fand erst 1950 in Brasilien statt; eine deutsche Mannschaft durfte nicht teilnehmen, da der DFB noch nicht wieder in die FIFA aufgenommen worden war.

Bei der WM 1938 in Frankreich musste die deutsche Mannschaft auf Geheiß der nationalsozialistischen Machthaber aus sechs Deutschen und fünf Österreichern bestehen. Wenige Wochen zuvor war der Anschluss Österreichs an das Deutsche Reich erfolgt. Der neue Reichstrainer Sepp Herberger fügte sich widerwillig. Im ersten Spiel – bereits das Achtelfinale – gegen die Schweiz schaffte die wild zusammengewürfelte Elf, die so noch nie zusammengespielt hatte, ein 1:1. Das Wiederholungsspiel ging 2:4 verloren, Deutschland schied aus.

Aus Kostengründen durften nur 15 der 22 Spieler des deutschen Aufgebots die Reise zum WM-Spiel gegen die Schweiz nach Paris antreten, außerdem der Reichstrainer, ein Masseur und ein Funktionär. Die restliche Mannschaft verfolgte das Spiel in der Sportschule Duisburg-Wedau am Radio.

Ludwig Walter, Vater der 1954er-Weltmeister Fritz und Ottmar Walter, war Vereinswirt des 1. FC Kaiserslautern.

Fritz Walter erkrankte als Soldat im Zweiten Weltkrieg an Malaria. Auch darum fiel es ihm später leichter, bei eher kühlem und nassem Wetter – dem legendären Fritz-Walter-Wetter – zu spielen als bei großer Hitze.

Fritz Walter und seine Frau Italia betrieben nach dem Karriereende des Mannes erst gemeinsam eine Wäscherei und später ein Kino nebst Toto-Annahmestelle.

Ottmar Walter, vier Jahre jünger als sein Bruder Fritz, hatte im Krieg während eines Gefechts im Ärmelkanal drei Granatsplitter ins Knie erhalten. Wegen anhaltender Knieprobleme beendete er seine Karriere in der Nationalmannschaft bereits 1956 mit 32 Jahren. Bruder Fritz dagegen spielte noch 1958 bei der WM in Schweden.

Während der WM 1970 durften erstmals Spieler aus- und eingewechselt werden. Erlaubt waren zwei Wechsel pro Spiel und Mannschaft.

Vor dem ersten WM-Finale 1930 zwischen Uruguay und Argentinien konfiszierte die Polizei angeblich 1600 Pistolen von den Stadionbesuchern. Schiedsrichter John Langenus aus Belgien soll damals aus Angst um sein Leben nicht nur auf Leibwachen hinter den Toren, sondern auch auf das Waffenverbot im Stadion bestanden haben.

John Langenus war bei der WM 1930 nicht nur Schiedsrichter, sondern versorgte einige Zeitungen in Europa auch mit Spielberichten von dem Turnier.

Adidas verkaufte vor und während der WM 2006 1 Million Trikots der deutschen Nationalmannschaft. 2002 waren es 250 000 gewesen. Der Konzern errichtete während des Turniers außerdem eine Minikopie des Olympiastadions auf der Wiese vor dem Berliner Reichstag. 10 000 Zuschauer konnten sich in dem Miniolympiastadion die Spiele auf einer Großbildleinwand anschauen, die Tickets kosteten 3 Euro.

Gerd Müller trug immer zu große Fußballschuhe. Eigentlich hätte der Bomber der Nation Größe 38 tragen müssen, doch er zog immer Schuhe der Größe 41 an. So könne er sich besser drehen.

Der stahlblaue Pullover aus Baby-Kaschmir mit V-Ausschnitt, den Joachim Löw während der WM 2010 stets trug, kostete 199 Euro. Der damalige DFB-Ausstatter Strenesse verkaufte 800 Exemplare vom guten Stück, wurde aber von der Nachfrage völlig überrascht. »Wir rechnen pro Saison mit 400 solcher Pullis, konnten rund 1800 verkaufen, hätten allerdings mindestens 3000 absetzen können«, erklärte der damalige Firmenchef Luca Strehle den *Stuttgarter Nachrichten*. Ein Exemplar von Löws Glückspullover hängt im DFB-Museum.

Schon 2006 waren Löw und sein damaliger Cheftrainer Jürgen Klinsmann mit ihren figurbetonten Hemden von Strenesse zu Modetrendsettern geworden. Im Jahr 2020 stellte das Unternehmen seinen Betrieb ein; es rüstete die Nationalmannschaft von 2006 bis 2013 aus.

Reiner Calmund überredete Rudi Völler in einem mehrstündigen Gespräch während der WM 1994 im Zimmer von Bundestrainer Berti Vogts zu einem Wechsel von Olympique Marseille zu Bayer Leverkusen.

Als nach der verheerenden EM 2000 Bundestrainer Erich Ribbeck gehen musste und der damalige Wunschnachfolger Christoph Daum nicht sofort aus seinem Vertrag bei Bayer Leverkusen herauskam, rief Leverkusens Manager Reiner Calmund bei Rudi Völlers Frau Sabrina an, ob ihr Mann Rudi für ein Jahr übergangsweise die Nationalmannschaft trainieren dürfe. Völler war damals Sportchef von Bayer Leverkusen und als solcher Calmunds enger Mitarbeiter. Sabrina Völler stimmte zu, unter der Bedingung, dass ihr Mann nach einem Jahr tatsächlich wieder öfter nach Hause kommen könne. Am Ende blieb Völler bis 2004 Teamchef und führte eine vergleichsweise eher talentbefreite deutsche Elf 2002 zum Vize-WM-Titel. Zwischendurch trainierte Völler für ein paar Wochen interimsweise auch die Elf von Bayer Leverkusen. Daum war seine Kokainaffäre zum Verhängnis geworden.

Nach der WM 1998 war Paul Breitner Bundestrainer – für 17 Stunden. DFB-Präsident Egidius Braun hatte den unbequemen Weltmeister von 1974 abends um 20.30 Uhr angerufen und gefragt, ob er das nach dem Rücktritt von Berti Vogts vakante Amt haben wolle. Breitner sagte zu. Nach einem Gespräch mit Franz Beckenbauer und Günter Netzer rief Braun erneut an und fragte, ob Breitner wirklich Interesse habe. Am nächsten Tag um 13.30 Uhr sagte Braun dem Chefkritiker ab: »Tut mir leid, ich nehme alles zurück, der DFB hat mich zurückgepfiffen. Ich kann keinen einstellen, der meinen Rücktritt fordert. Das war's«, erinnerte sich Breitner, der in der Tat nach der WM unter anderem den Rücktritt des gesamten DFB-Präsidiums gefordert hatte, später in der Münchner *Abendzeitung*. Statt Breitner wurde Ribbeck aus seinem Ruhestandsdomizil auf Teneriffa reaktiviert und Bundestrainer. Die Schau stahl dem leidenschaftlichen Golfspieler bei der Präsentation allerdings Uli Stielike respektive dessen legendäres Rautensakko.

Rudi Völlers Frau Sabrina nennt ihren Mann Rudolf.

Nach Rudi Völlers Rücktritt als Teamchef der Nationalelf infolge der katastrophalen EM 2004 in Portugal gründete der DFB eine Trainerfindungskommission unter dem Vorsitz von Franz Beckenbauer, um einen Bundestrainer für die WM 2006 im eigenen Land zu finden. Beckenbauers Favorit, Ex-Bayerntrainer Ottmar Hitzfeld, sagte als Erster ab, danach folgten Otto Rehhagel, gerade Sensationseuropameister mit Griechenland geworden; dann der mittlerweile rehabilitierte Christoph Daum, Bayerntrainer Felix Magath, Thomas Schaaf (Werder Bremen), Beckenbauers früherer Co-Trainer Holger Osieck und Arsène Wenger, der aus dem Elsass stammende und perfekt Deutsch sprechende Coach des FC Arsenal in England.

Lothar Matthäus und der frühere KSC- und VfB-Stuttgart-Trainer Winfried Schäfer brachten sich selbst ins Spiel, als Außenseiterkandidaten galten Freiburgs Trainer Volker Finke, der dänische Nationaltrainer Morton Olsen und der Niederländer Guus Hiddink.

Am Ende brachte nach mehreren Wochen zermürbender und erfolgloser Suche der frühere Nationaltrainer Berti Vogts nach einem Besuch seines früheren Schützlings in Kalifornien Jürgen Klinsmann ins Spiel. Beckenbauer war angetan, wollte dem 1990er-Weltmeister aber Oliver Bierhoff als Manager und seinen früheren Assistenten Osieck als Trainer zur Seite stellen. Osieck sagte nach einem Gespräch mit Klinsmann ab; der präsentierte einen Tag später Joachim Löw als seinen Assistenten.

Der deutsche Schiedsrichter Kurt Tschenscher verteilte im Eröffnungsspiel der WM 1970 zwischen Mexiko und der Sowjetunion die erste Gelbe Karte im Fußball überhaupt. Der Sowjet Kachi Assatiani war der erste Spieler, dem der Karton gezeigt wurde. Anschließend verwarnte Tschenscher noch vier weitere Spieler. Die Partie endete 0:0.

Vor der WM 1970 wurden den Spielern Verwarnungen lediglich mündlich vom Schiedsrichter mitgeteilt. Weil es dabei immer wieder zu Missverständnissen kam – und sich manche beharrlich darauf beriefen, den Schiedsrichter nicht verstanden zu haben und trotz eines Platzverweises weiter auf dem Platz blieben –, wurden die Gelben und Roten Karten eingeführt.

In den 32 Spielen der WM 1970 wurden 36 Gelbe Karten und keine Rote Karte verteilt.

Während der 64 Spiele der WM 2018 wurden 181 Gelbe Karten, drei Gelb-Rote und sieben Rote Karten verteilt.

Die erste Rote Karte bei einer WM erhielt der Chilene Carlos Caszely beim Vorrundenspiel gegen Deutschland 1974. Er hatte sich zu einem Revanchefoul gegen Berti Vogts hinreißen lassen.

Der Mittelfeldspieler war Anhänger der linksgerichteten Regierung Salvador Allendes. Nach dem Putsch in Chile durch Augusto Pinochet im Jahr 1973 war Caszelys Familie zeitweise Repressionen ausgesetzt, seine Mutter wurde einmal verhaftet und gefoltert. Er durfte aber weiter in der Nationalmannschaft spielen und wurde auch bei der WM 1982 in Spanien eingesetzt. Später unterstützte Caszely die ab 2005 amtierende Präsidentin Michelle Bachelet, die einst mit ihrer Mutter über Australien in die DDR vor Pinochets Regime geflohen war und in Leipzig und Ost-Berlin studierte. 2015 war Caszely Sportattaché an der chilenischen Botschaft in Madrid.

Der Uruguayer José Batista wurde während des Vorrundenspiels gegen Schottland bei der WM 1986 bereits nach 52 Sekunden vom Platz gestellt. Dem Verteidiger war eine Grätsche gegen Gordan Strachan ordentlich missglückt. Bis heute war es der früheste Platzverweis der WM-Geschichte. Die Szene mit dem Foul ereignete sich schon nach 38 Spielsekunden. Die Partie endete 0:0; Uruguay erreichte das Achtelfinale, in dem gegen den späteren Weltmeister Argentinien Schluss war.

Italiens viermaliger WM-Teilnehmer Paolo Maldini trat im Alter von 49 Jahren beim ATP-Challenger-Turnier in Mailand im Doppel an. Er verlor sein Debüt auf der Tennis-Profitour deutlich.

Rudi Glöckner ist der einzige Deutsche, der je ein WM-Finale leitete. Das 4:1 Brasiliens gegen Italien im Finale von 1970 war erst das dritte Länderspiel überhaupt, das der Sachse aus Markranstädt pfeifen durfte.

Österreich war von 1931 bis 1933 Weltmeister und damit der erste Titelträger, der nicht von der britischen Insel stammte – zumindest nach Zählweise der Unofficial World Championships (UFWC). Die als »Wunderteam« bezeichnete Auswahl sicherte sich den inoffiziellen Titel durch ein 5:0 gegen Schottland. 1933 verlor Österreich nach einem 2:3 gegen England den Titel wieder.

Dieser fiktive Weltmeistertitel wird seit den 1870er-Jahren vergeben, also seit den ersten Länderspielen überhaupt. Die Idee dahinter: Neuer Weltmeister wird, ähnlich wie im Profiboxen, wer den amtierenden Titelträger besiegt.

Erster Weltmeister war demnach England nach einem 4:2 gegen Schottland im zweiten Länderspiel überhaupt. Das erste Vergleichstreffen zwischen den damals einzigen Nationalmannschaften war 1872 noch 0:0 ausgegangen.

Vom 15.11.2011 bis zum 23.1.2013 war Nordkorea inoffizieller Weltmeister. Die Nordkoreaner sicherten sich den Titel durch ein 1:0 gegen Japan und verteidigten ihn zwölfmal. Nach einem 1:4 im Elfmeterschießen gegen Schweden beim King's Cup in Thailand verlor Nordkorea den Titel an Schweden.

Die Teams von Italien 1982 und Argentinien 1986 sind die einzigen beiden Mannschaften, die im Finale der FIFA-WM auch ihren inoffiziellen WM-Titel verteidigen konnten. Beide Male hatten die Mannschaften den inoffiziellen Titel im Turnierverlauf errungen.

Im Finale der WM 2018 besiegte Frankreich auch den inoffiziellen Weltmeister Kroatien und krönte sich gewissermaßen zum Doppelweltmeister. Das Gleiche hatten unter anderem auch Deutschland 2014 und Spanien 2010 geschafft. Schon 1958, 1966, 1974, 1978 und 1998 verloren die jeweiligen inoffiziellen Weltmeister durch ihre Finalniederlagen auch den fiktiven Titel.

---

15 Spieler des 23-köpfigen Aufgebots der algerischen Nationalmannschaft bei der WM 2014 wurden in Frankreich geboren.

Nur 35 Prozent aller Spieler, die für Algerien an insgesamt vier WMs teilgenommen haben, wurden auch in Algerien geboren.

Alle 23 Spieler des deutschen Aufgebots für die WM 2010 waren in der Bundesliga unter Vertrag. Der Wechsel von Jérôme Boateng zu Manchester City im Sommer stand jedoch bereits fest. Nach dem Turnier wechselten zudem Sami Khedira (vom VfB Stuttgart) und Mesut Özil (von Werder Bremen) zu Real Madrid.

Zuvor war bei der WM 1978 auf Veranlassung des damaligen DFB-Präsidenten Hermann Neuberger kein deutscher Legionär dabei gewesen.

Robert Huth ist seit Gründung der Bundesliga 1963 der einzige, heute nicht mehr aktive deutsche WM-Teilnehmer, der nie ein Spiel in der Bundesliga absolvierte. 2006 stand der damals 21 Jahre alte Verteidiger vom FC Chelsea beim Spiel gegen Ecuador in der Vorrunde auf dem Platz. Huth war als 16-Jähriger vom FC Chelsea verpflichtet worden; der gebürtige Berliner verbrachte seine gesamte Profizeit in England. Von den Fans seiner englischen Klubs wurde der kantige Innenverteidiger »The Berlin Wall« genannt.

Fünf der 23 Spieler des deutschen WM-Aufgebots bei der WM 1990 in Italien verdienten während des Turniers ihr Geld in der Serie A: Lothar Matthäus, Jürgen Klinsmann und Andreas Brehme bei Inter Mailand, Thomas Berthold und Rudi Völler bei AS Rom. Unmittelbar nach dem WM-Finale wechselten noch Thomas Häßler (vom 1. FC Köln zu Juventus Turin) und Karl-Heinz Riedle (von Werder Bremen zu Lazio Rom) ins damalige Lire-Paradies.

Schottlands Nationaltrainer Ally McLeod wurde während einer Pressekonferenz der WM 1978 in Argentinien von einem Hund in die Hand gebissen. McLeod hatte dem Hund zuvor mit den Worten »Das ist jetzt wohl der einzige Freund, den ich noch habe« über den Kopf gestrichen. Der Trainer hatte bei der Pressekonferenz eigentlich über den Dopingfall seines Spielers Willie Johnson Stellung nehmen sollen.

Ivica Olić zog sich während der WM 2014 an der Glastür seiner Duschkabine eine Schnittwunde am rechten Fuß zu. Dennoch traf er beim 4:0-Sieg seiner Kroaten gegen Kamerun zum 1:0 mit links. Der Sieg am zweiten Spieltag blieb der einzige, für Kroatien war nach der Vorrunde Schluss.

Deutschland war bei der WM 2014 die einzige Mannschaft, die keinen Spitznamen hatte. Den super kreativen und mindestens super kritisierten Beinamen »Die Mannschaft« dachten sich die Marketingexperten um DFB-Direktor Oliver Bierhoff erst vor der unsäglichen WM 2018 aus. Ebenso mit dem nicht minder kritisierten WM-Slogan »#ZSMMN«.

Bernd Schuster nahm nie an einer WM teil. Der gebürtige Augsburger, der als 20-Jähriger zum besten Spieler der siegreichen EM 1980 gewählt worden war, überwarf sich ab 1981 aus mehreren Gründen nachhaltig mit Bundestrainer Jupp Derwall und Führungsspielern wie Karl-Heinz Rummenigge und absolvierte das letzte von 21 Länderspielen bereits 1984. Ein Comeback zur WM 1986 scheiterte angeblich an einer Prämienforderung von Schusters damaliger Frau und Managerin Gaby in Höhe von 1 Million DM, die der DFB nicht aufbringen konnte. Präsident Hermann Neuberger war zwar bei befreundeten Unternehmern und bekannten Gönnern auf Betteltour gegangen, bekam aber nur Zusagen über 300 000 DM.

Hermann Neuberger höchstselbst verbot 1978 die Nominierung von Franz Beckenbauer für die WM. Der DFB-Präsident wollte nur Spieler, die in Deutschland spielten, im Aufgebot haben; Beckenbauer spielte damals für Cosmos New York. Uli Stielike, von 1977 bis 1985 bei Real Madrid unter Vertrag, musste auch zuschauen.

Paul Breitner spielte 1978 zwar wieder in der Bundesliga, musste aber auch auf die WM in Argentinien verzichten. Der Lockenkopf war Neuberger zu querulantisch, womöglich politisch auch zu links.

Die griechische Nationalmannschaft wird auch »To Piratiko« genannt, das Piratenschiff.

Die kolumbianische Nationalelf ist auch als »Los Cafeteros«, die Kaffeepflücker, bekannt.

Schottland schied bei der WM 1974 in der Vorrunde aus, obwohl es in seiner Gruppe gegen Jugoslawien, Brasilien und Zaire nicht verloren und Zaire sogar 2:0 geschlagen hatte.

Mexiko, Irland, Italien und Norwegen erreichten bei der WM 1994 in der Gruppe E jeweils vier Punkte und ein ausgeglichenes Torverhältnis. Weil Italien zwei und Norwegen nur ein Tor erzielte, kam die »Squadra Azzurra« als eine der besten Gruppendritten weiter.

Norwegen kam bei der WM 1998 unter anderem durch einen Sieg gegen Weltmeister Brasilien ins Achtelfinale. Dort war zwar nach einem 0:1 gegen Italien Schluss, aber dank des 2:1 in der Vorrunde gegen Brasilien gehört Norwegen zu den nur drei Nationen, die eine positive Länderspielbilanz gegen Brasilien haben: Von insgesamt drei Länderspielen gewann Norwegen zwei, ein Länderspiel endete unentschieden.

Die Auswahl der Elfenbeinküste wird auch »Les Eléphants« bezeichnet.

Kapitän Franz Beckenbauer drohte dem DFB und Trainer Helmut Schön im Namen der Mannschaft fünf Tage vor dem ersten Gruppenspiel der WM 1974 mit einem Boykott des Teams. Paul Breitner hatte sogar schon seine Koffer gepackt; das bestellte Taxi wartete bereits abfahrbereit an der Sportschule Malente, dem WM-Quartier der Deutschen. Auch Bundestrainer Schön drohte mit der Abreise. Den Spielern war die angebotene Titelprämie von 30 000 DM – genauso viel wie bei der WM 1970 – zu wenig. Im letzten Moment einigte man sich auf 15 000 DM Start- und 60 000 Mark Titelprämie. Ausrüster Adidas legte später noch 10 000 Mark drauf. Zudem gab es noch einen VW Käfer. Bis heute war es der einzige Streit um die Prämien bei der DFB-Elf.

Die Weltmeister von 1990 erhielten jeweils 130 000 DM Siegprämie.

2014 gab es für jeden der 23 deutschen Weltmeister eine Prämie von 300 000 Euro. Der DFB erhielt von der FIFA für den Sieg 25,7 Millionen Euro.

Der damals 43-jährige französische Gendarm Daniel Nivel, der am 21. Juni 1998 in Lens von deutschen Hooligans fast totgeprügelt wurde, lag nach der Attacke sechs Wochen im Koma. Bis heute leidet Nivel an den Folgen der Attacke, er ist halbseitig gelähmt, auf dem rechten Auge blind, auf einen Rollstuhl angewiesen und kann nichts riechen und schmecken. Auch das Sprechen fällt ihm schwer. Nivel und zwei seiner Kollegen waren an jenem Nachmittag in Lens damit beauftragt, Einsatzfahrzeuge der französischen Polizei zu bewachen. Vermutlich wurden sie auch aus Frust darüber angegriffen, dass die Polizei zuvor erfolgreich eine verabredete große Schlägerei mit jugoslawischen Hooligans verhindert hatte. Insgesamt sechs der Täter wurden später von Gerichten in Essen, Bochum und Saint-Omer zu Haftstrafen zwischen dreieinhalb und zehn Jahren verurteilt. Zwei der Haupttäter machten nach ihren Haftstrafen Karriere bei den Hells Angels in Potsdam beziehungsweise Hannover. Einer von ihnen wurde 2015 wegen bandenmäßigen Drogenhandels erneut zu einer Haftstrafe verurteilt, diesmal zu sieben Jahren. Beim DFB-Pokalspiel seines Lieblingsvereins BFC Dynamo Berlin gegen den VfB Stuttgart im Jahr 2012 war er vom Berliner Verein als Ordner eingesetzt worden.

Der DFB bezahlte der Familie Nivel ein behindertengerechtes Haus und gründete zusammen mit der FIFA die Daniel-Nivel-Stiftung, die über Gewalt im Fußball forscht und versucht, diese zu verhindern. Auch die Familie Nivel brachte einen großen Teil der Spendengelder, die sie nach der Attacke vor allem aus Deutschland erhalten hatte, in die Stiftung ein. Bei der WM 2006 besuchte Nivel als Gast des DFB das Spiel Deutschland gegen Polen in Dortmund.

Der kroatische Nationaltrainer Miroslav Blažević trug nach der Attacke auf Nivel ihm zu Ehren in den folgenden WM-Spielen Kroatiens ein Képi der französischen Gendarmerie.

1953 war der 1935 geborene bosnische Kroate Blažević jugoslawischer Meister im Skilanglauf geworden, im selben Jahr entschied er sich dennoch, sich auf den Fußball zu konzentrieren. Nach Stationen in halb Jugoslawien spielte er ab den 1960er-Jahren in der Schweiz, wo er auch Trainer wurde. 1976 war er sogar für kurze Zeit Nationaltrainer der Eidgenossen.

2005 kandidierte Blažević mit einer extra für die Wahl gegründeten Partei für das Präsidentenamt in Kroatien. Sein wichtigstes Ziel: den EU-Beitritt Kroatiens und die Auslieferung des Kriegsverbrechers Ante Gotovina zu verhindern. Blažević erhielt 1 Prozent der Stimmen; 2008 und 2009 war er Nationaltrainer von Bosnien-Herzegowina.

Die bosnische-herzegowinische Nationalmannschaft heißt auch »Zmajevi«, die Drachen.

Kroatiens Nationalmannschaft feierte den zweiten Platz bei der WM 2018 zusammen mit dem rechtsradikalen Sänger Thompson, bürgerlich Marko Perković. Der Sänger, der sich nach der Waffe benannt hatte, die er im Kroatienkrieg (1991–1995) verwendete und bekannt wurde durch ultranationalistische Texte, in denen unter anderem der Gruß der faschistischen Ustascha (»Für die Heimat – bereit«) vorkommt, begleitete die Mannschaft auf ihrem Triumphzug im Bus durch Zagreb. Dies sorgte international für Befremden, wurde aber auch in Kroatien kritisiert. »Ustascha-Thompson empfängt die Feurigen«, hieß es etwa in der als regierungsnah geltenden Boulevardzeitung *Alo*!. Der *Blic* schrieb: »Kroaten, ohne das wäre es auch gegangen. Die Feier mit einem Mann, der Kriegsverbrechen verherrlicht, wäre nicht nötig gewesen.« Schon während der WM hatten kroatische Spieler nach Siegen Thompson-Lieder angestimmt.

Vavá ist der einzige Spieler, dem in zwei WM-Finals hintereinander mindestens ein Tor gelang. Der Brasilianer traf in den WM-Finals 1958 und 1962 und half der »Seleção« zwei Titel hintereinander zu gewinnen. Überhaupt war Vavá ein WM-Spezialist: Neun seiner insgesamt 15 Länderspieltreffer erzielte er bei Weltmeisterschaften.

Auch Pelé, Paul Breitner, Zinédine Zidane trafen in zwei WM-Finals, jedoch nicht in aufeinanderfolgenden.

Vavá, bürgerlich Edvaldo Izídio Neto, wurde auch »Peito de Aço«, Stahlbrust, genannt.

Vavá musste bei der WM 1958 zunächst Stürmer Mazzola den Vortritt lassen. Der junge Angreifer erzielte im ersten Spiel gegen Österreich zwei Tore. Nach dem 0:0 gegen England im zweiten Spiel drohte Brasilien das frühe Aus. Nationaltrainer Vicente Feola schenkte ab dem dritten Spiel gegen die UdSSR wieder Vavá das Vertrauen. Bei der WM 1962 absolvierte der nicht mehr ganz so junge Mazzola erneut zwei Spiele – allerdings unter seinem bürgerlichen Namen José Altafini und für die Nationalmannschaft Italiens.

Nach seinem Wechsel in die Serie A zum AC Milan hatte der italienischstämmige Altafini die italienische Staatsangehörigkeit angenommen und absolvierte insgesamt sechs Länderspiele für die »Squadra Azzurra«. Dabei gelangen ihm fünf Tore, aber keines bei einer WM. Für Brasilien hatte er zuvor in acht Spielen viermal getroffen.

Bei der WM 1966 und 1970 hatte die italienische Nationalmannschaft einen Mazzola im Kader. Dabei handelte es sich jedoch nicht um den wieder mit seinem Spitznamen antretenden José Altafini, sondern um den damals 23 Jahre alten Stürmer Sandro Mazzola, der im Lauf seiner späteren Karriere zu einer Legende von Inter Mailand werden sollte.

Sandro Mazzolas Vater Valentino Mazzola war Kapitän der äußerst erfolgreichen Mannschaft des AC Turin in den 1940er-Jahren, die als »Grande Torino« in die Geschichte eingingen.

1947 stellte der AC Turin bei einem Spiel gegen Ungarn zehn Spieler der italienischen Nationalmannschaft. Am 29. April 1949 kamen 18 Spieler, fünf Klubverantwortliche, drei Journalisten und vier Besatzungsmitglieder bei einem Flugzeugunglück am Turiner Hausberg Superga ums Leben, darunter Valentino Mazzola, der als bester italienischer Spieler der Nachkriegsjahre galt.

José Altafinis Spitzname Mazzola war eine Referenz an den italienischen Fußballhelden.

Rund zwei Monate vor der Tragödie von Superga hatte Ferruccio Novo, der Präsident des AC Turin, das Traineramt bei der italienischen Nationalmannschaft übernommen. Nach der Tragödie fuhr er mit einer unerfahrenen Mannschaft als Titelverteidiger zur WM 1950 nach Schweden – und schied nach zwei Spielen aus.

Lucidio Sentimenti, Italiens Torhüter bei der WM 1950, war nur 1,70 Meter groß. Der Spieler von Juventus war 1947 in einem Spiel gegen Ungarn der einzige Spieler der »Squadra Azzurra«, der nicht beim AC Turin unter Vertrag stand.

Lucidio Sentimenti hatte vier Brüder, die ebenfalls in der höchsten italienischen Liga Serie A spielten. Der Einfachheit halber wurden die Sentimentis in den Medien und von den Fans Sentimenti I bis V genannt, in der Reihenfolge ihrer Geburt. Lucidio Sentimenti war dementsprechend Sentimenti IV.

1942 verwandelte Lucidio Sentimenti für den FC Modena einen Elfmeter gegen den SSC Neapel und seinen Bruder Arnaldo (Sentimenti II). Die Brüder sprachen daraufhin zwei Jahre nicht miteinander.

Die Tribünen des Stade de France im Pariser Vorort Saint-Denis sind verschiebbar. Dadurch kann im Innenraum Platz gemacht werden für eine komplette Laufbahn und weitere Leichtathletikwettkämpfe. Die Zuschauerkapazität sinkt dadurch von 81 338 Zuschauern auf 75 000.

Das Stade de France, bei der WM 1998 Schauplatz von neun Spielen einschließlich des Finals, steht auf einer ehemaligen Industriebrache eines Gaswerks.

Michel Platini, französische Fußballlegende, Vizechef des WM-Organisationskomitees 1998 und später gefallener UEFA-Chef, hatte die Idee, das neue französische Nationalstadion Stade de France zu nennen.

2018 gab Michel Platini zu, dass die Gruppenauslosung für die WM 1998 so manipuliert wurde, dass ein Finale Frankreich gegen Brasilien möglich wurde. Da Brasilien als amtierender Weltmeister in der Gruppe A gesetzt war, musste Frankreich in die Gruppe C kommen, um ein Finale gegen Brasilien zu ermöglichen. So kam es. »Es gab ein paar Tricksereien«, sagte der spätere UEFA-Präsident (2007–2015) gegenüber France Bleu Sport. Frankreich gegen Brasilien sei »das Finale« gewesen, »von dem jeder geträumt hat. Wir haben die Weltmeisterschaft nicht sechs Jahre lang vorbereitet, ohne ein paar Spielereien zu treiben. Denken Sie, andere Gastgeber hätten das nicht gemacht?«, ergänzte Platini.

Vor dem Spiel gegen die DDR in der Vorrunde der WM 1974 flehte Bundestrainer Helmut Schön, der aus Dresden stammte und vor seiner Flucht in den Westen der erste Auswahltrainer der DDR-Nationalmannschaft gewesen war, in der Mannschaftssitzung: »Spielt doch einmal für mich!« Nun, schlecht spielten seine Spieler im ersten und einzigen Duell gegen die DDR nicht, Jürgen Sparwassers 0:1 verhinderten sie aber nicht. Das 0:1 im einzigen Länderspiel des DFB-Teams gegen die Nationalmannschaft der DDR empfand Schön als persönliche Beleidigung.

Helmut Schön war Trainer aller drei Nationalmannschaften auf deutschem Boden in der Nachkriegszeit. Von Mai 1949 bis April 1950 betreute der gebürtige Dresdner die international noch nicht anerkannte Nationalmannschaft der Sowjetzone, von 1952 bis 1956 trainierte er die Mannschaft des damals autonomen Saarlands. Nach der Wiedereingliederung des Saarlands in die Bundesrepublik Deutschland und des saarländischen Fußballbundes in den DFB heuerte Schön für zunächst 1100 DM Bruttomonatsgehalt als Assistent von Sepp Herberger bei der Nationalmannschaft an und war so bei den Weltmeisterschaften 1958 und 1962 Herbergers Co-Trainer. 1964 wurde er Bundestrainer und gewann zehn Jahre später die WM.

Die Weltmeister von 1954 bekamen vom DFB für ihren Coup 2350 DM Prämie pro Kopf ausgezahlt. Dazu kamen 10 DM Tagesgeld. Und sie erhielten einen Fernseher, einen Lederkoffer und einen Motorroller. Die Spieler hatten vorher bei ihren Arbeitgebern Urlaub nehmen müssen für das Turnier.

Nach dem 3:2 nach Verlängerung im Entscheidungsspiel um die WM-Qualifikation 1970 zwischen El Salvador und Honduras am 25. Juni 1969 in Mexiko-Stadt kam es erst zu Unruhen in der Stadt zwischen den beiden Fanlagern, bei denen schon mehrere Anhänger starben, und wenig später zum sogenannten »Fußballkrieg« zwischen El Salvador und Honduras.

Auslöser des bewaffneten Konflikts, bei dem ab dem 14. Juli 1969 binnen 100 Stunden bis zu 6000 Menschen gestorben sein sollen, 15 000 verletzt und 50 000 ausgebombt wurden, waren die drei Qualifikationsspiele zwischen den beiden Nationen. Doch die Ursache des Krieges war ein schon länger schwelender Konflikt um rund 300 000 Arbeitsmigranten und Kleinbauern aus El Salvador, die in den Vorjahren über die offene Grenze ins weniger dicht besiedelte Honduras eingewandert waren. Am 30. April 1969 hatte die honduranische Regierung die Salvadorianer aufgefordert, in ihre Heimat zurückzukehren und mit gewaltsamen Übergriffen und Vertreibungen begonnen.

Sechs Tage nach Beginn des Krieges, den El Salvador zu gewinnen schien, setzten die Organisation Amerikanischer Staaten OAS und die UNO einen Waffenstillstand durch. In den folgenden Jahren kehrten fast alle der 300 000 salvadorianischen Auswanderer in die bereits übervölkerte Heimat zurück, wo sich ab 1981 ein Bürgerkrieg entfachte. Honduras und El Salvador legten den Konflikt formell erst 1992 bei.

El Salvador durfte 1970 zwar an der WM teilnehmen, schied aber bereits in der ersten Runde aus.

Norbert Eder hatte vor seiner Nominierung für die WM 1986 lediglich 15 Spiele für die deutsche Amateur-Nationalmannschaft und eins für die B-Nationalmannschaft absolviert. Bei seinem Länderspieldebüt im vorletzten Spiel vor WM-Beginn gegen Jugoslawien war der beinharte Vorstopper des FC Bayern München bereits 30 Jahre alt. »Deinen Urlaub verbringst du in Mexiko«, beschied Teamchef Franz Beckenbauer daraufhin. Erholen konnte sich Eder dort aber nicht – er absolvierte alle sieben WM-Spiele der DFB-Elf als Stammspieler im defensiven Mittelfeld. Nach acht Wochen und neun Partien endete Eders bemerkenswerte Nationalmannschaftskarriere nach dem verlorenen WM-Finale gegen Argentinien wieder.

Nach dem Ende seiner aktiven Karriere betrieb der 2019 verstorbene Eder gemeinsam mit seiner Frau einen Blumenladen bei Rosenheim.

Die deutsche Nationalmannschaft verlor während der Vorbereitung zur WM 1934 ein Testspiel gegen eine Stadtauswahl Hamborns mit 3:4. Reichstrainer Otto Nerz belohnte den dabei glänzenden Hamborner Mittelläufer Paul Zielinski daraufhin mit einer Nominierung zur WM. Dort absolvierte er alle vier Spiele und feierte mit der DFB-Elf am Ende den dritten Platz.

Bundestrainer Sepp Herberger machte Wolfgang Fahrian einen Tag vor dem ersten deutschen Spiel bei der WM 1962 in Chile gegen Italien und kurz vor Fahrians 21. Geburtstag zum Stammtorhüter für die WM. Fahrian spielte damals für den Zweitligisten TSG Ulm 1846. Der kurzfristig degradierte Hans Tilkowski, der im Finale der WM 1966 noch einmal eine tragische Rolle spielen sollte, sprach jahrelang kein Wort mehr mit Herberger und gab erst nach dem Rücktritt des Bundestrainers 1964 sein Comeback im Nationalteam. Fahrian dagegen absolvierte nach 1964 kein Länderspiel mehr. Später arbeitete Fahrian als Spielerberater.

ACHTELFINALE

Robert Lewandowskis Frau Anna Lewandowska gewann 2013 WM-Gold im Karate.

Weltmeister Jérôme Boateng ließ sich ab 2015 in Marketingfragen von Hip-Hop-Superstar Jay-Z und dessen Agentur Roc Nation managen.

Boateng gab ein eigenes Magazin namens *Boa* heraus. Bayern Münchens damaliger Vorstandsvorsitzender Karl-Heinz Rummenigge riet dem Verteidiger irgendwann, wieder etwas »back to earth« zu kommen.

Kevin-Prince Boateng und sein Bruder Jérôme waren 2010 das erste Geschwisterpaar, das bei einer WM gegeneinander spielte. Im Vorrundenspiel zwischen Ghana und Deutschland standen beide in der Startelf. In der Vorrunde der WM 2014 spielten die beiden wieder gegeneinander. Kevin-Prince Boateng hatte bis 2009 alle Juniorenauswahlen Deutschlands durchlaufen, sich dann aber mangels Perspektive beim DFB für einen Verbandswechsel entschieden und lief fortan für das Geburtsland seines Vaters auf.

Mit Hans Sarpei stand 2010 ein weiterer in Deutschland aufgewachsener und lebender Spieler im Spiel gegen Deutschland auf dem Platz für Ghana.

Anthony Annan, bei der WM 2010 Mittelfeldpartner von Kevin-Prince Boateng in der Mannschaft Ghanas und 2011 und 2014 auch für den FC Schalke in der Bundesliga aktiv, ist ein Neffe des ehemaligen UNO-Generalsekretärs Kofi Annan.

Leroy Sanés Vater Souleymane Sané wuchs in Frankreich auf, stürmte für die senegalesische Nationalmannschaft und war von 2008 bis 2011 Nationaltrainer Sansibars. Sein Militärdienst in der französischen Armee führte ihn 1982 nach Villingen und Donaueschingen, wo er sich dem Viertligisten FV Donaueschingen anschloss. Später spielte Souleymane Sané in der Zweiten Liga gemeinsam mit dem späteren Bundestrainer Jogi Löw für den SC Freiburg. In der Bundesliga war Sané für den 1. FC Nürnberg und Wattenscheid 09 aktiv.

Die Nichtnominierung von Leroy Sané für die WM 2018 gehörte zu den umstrittensten Entscheidungen von Bundestrainer Joachim Löw während seiner 15-jährigen Amtszeit.

Leroy Sanés Mutter Regina Weber gewann bei den Olympischen Spielen 1984 Bronze in der Rhythmischen Sportgymnastik.

Leroy Sané hat neben der deutschen auch die französische Staatsangehörigkeit.

Vier Tage vor Togos erstem WM-Spiel 2006 überhaupt trat Nationalmannschaftstrainer Otto Pfister von seinem Amt zurück. Der Deutsche war enttäuscht über den nicht geklärten Prämienstreit zwischen Verband und Mannschaft. Schließlich ließ Pfister sich doch überreden, die Mannschaft beim Spiel gegen Südkorea zu betreuen. Zuvor hatte der Verband erfolglos versucht, Winnie Schäfer als Nachfolger zu verpflichten. Pfister betreute die Mannschaft auch in den beiden folgenden Gruppenspielen der WM 2006 und verlängerte seinen Vertrag nach der WM bis 2008. Im September 2006 verließ er jedoch den Verband.

Pfister war der erste Deutsche, der bei einer WM eine nichtdeutsche Mannschaft betreute. Ihm folgten Otto Rehhagel (2010 Griechenland), Ottmar Hitzfeld (2010 und 2014 Schweiz), Volker Finke (2014 Kamerun), Jürgen Klinsmann (2014 USA) und Gernot Rohr (2018 Nigeria).

Jürgen Klinsmann ist der einzige Deutsche, der sowohl die deutsche Nationalmannschaft, als auch ein anderes Auswahlteam bei einer WM betreute.

Vier Trainer bei der WM 2018 waren Argentinier. Neben dem Coach der »Albicelestes« (Jorge Sampaoli) wurden die Teams aus Ägypten (Héctor Cúper), Peru (Ricardo Gareca) und Kolumbien (Jose Pekerman) von Argentiniern betreut.

Der Brasilianer Mario Zagallo war der Erste, der die WM als Spieler (1958, 1962) und als Trainer (1970) gewann.

Insgesamt gewannen drei Personen die WM als Spieler und als Trainer. Nach Zagallo gelang dies noch Franz Beckenbauer (1974 als Spieler, 1990 als Trainer) und Didier Deschamps (1998 als Spieler, 2018 als Trainer).

Der Italiener Vittorio Pozzo konnte die WM als einziger Trainer zweimal gewinnen (1934 und 1938, jeweils mit Italien).

Alle 20 bisherigen Weltmeistertrainer betreuten bei ihren Triumphen die Mannschaft ihres Heimatlandes.

Alberto Suppici (Uruguay 1930) war mit 31 Jahren der jüngste Weltmeistertrainer. Luiz Felipe Scolari (Brasilien 2002) mit 54 der älteste.

1958 nahmen zum ersten und einzigen Mal alle vier britischen Mannschaften an der WM teil. Nur Nordirland und Wales schafften es ins Viertelfinale, für England und Schottland war nach der Gruppenphase Schluss.

Die algerische Nationalmannschaft wird auch »Les Fennecs«, die Wüstenfüchse, genannt.

1958 war die erste WM, von der es weltweite TV-Liveübertragungen gab. Die deutschen Zuschauer kamen so in den Genuss von fünf Livespielen (ein Vorrundenspiel, ein Viertel- und ein Halbfinale, das Finale und das Spiel um Platz 3). Das einzige Spiel mit deutscher Beteiligung war dabei das Spiel um den dritten Platz. Die Fernsehsender hatten kein Mitspracherecht, die FIFA entschied, welches Spiel in welchem Land live übertragen wurde. Erst eine Woche nach dem WM-Finale kam die Dokumentation *Hinein*, in der Ausschnitte des gesamten Turniers gezeigt wurden, in die deutschen Kinos.

Die WM-Spiele wurden 1958 mit dem sowjetischen Satelliten Sputnik II in aller Welt übertragen.

Erich Ribbeck ist der einzige Bundestrainer, der das DFB-Team nie bei einer WM betreuen durfte.

Ribbeck, bei der WM 1982 Assistent von Jupp Derwall, war nicht dem Bundestrainer, sondern direkt DFB-Präsident Hermann Neuberger unterstellt.

Oleg Blochin, als Spieler WM-Teilnehmer 1982 und 1986 mit der Sowjetunion und als Trainer 2006 mit der Ukraine, wurde von seiner Mutter als Kind und Jugendlicher mit Essensentzug bestraft, wenn in ihren Augen seine sportlichen Leistungen nicht stimmten. Blochins Mutter Jekaterina Adamenko war einst Landesmeisterin im 100-Meter-Lauf gewesen.

Blochin, 1975 mit dem *Ballon d'Or* als Europas Fußballer des Jahres ausgezeichnet, durfte trotz zahlreicher Angebote von westeuropäischen Topklubs auf Anweisung der Sowjetunion seinen Verein Dynamo Kiew erst im fortgeschrittenen Alter von 35 Jahren verlassen. 1988 erlaubte ihm die Staatsführung einen Wechsel zum damaligen österreichischen Zweitligisten Vorwärts Steyer. Mit einer Legende räumte der oft mürrisch daherkommende Blochin später in einem Interview mit der *Süddeutschen Zeitung* jedoch auf: »Ich habe einfach schon zu viele falsche Sachen gelesen. Als ich Ende der Achtziger nach meiner Zeit bei Dynamo Kiew nach Österreich zu Vorwärts Steyr gewechselt bin, haben Journalisten geschrieben, dass ich mit einem Hubschrauber vom Typ Mi26 nach Steyr geflogen bin ... Ich kam mit dem Auto.«

2005 wurde Blochin kurzzeitig gezwungen, sein Amt als Nationaltrainer aufzugeben. Er war ins Parlament gewählt worden, allerdings durften ukrainische Parlamentarier damals nicht zwei Berufen nachgehen. Blochin klagte und argumentierte, er habe sein Amt als Nationaltrainer immer als Art Lehrtätigkeit begriffen und nie ein Honorar dafür erhalten. Das Gericht gab ihm recht.

Blochins Tochter Irina Blochina schrieb den offiziellen Song zur EM 2012, die in Polen und der Ukraine stattfand. Außerdem moderierte sie eine Talkshow namens *Velikiy futbol* (»Großer Fußball«).

Bulgarien schlug im November 1993 im entscheidenden Qualifikationsspiel Frankreich mit 2:1 und durfte so statt der Franzosen zur WM in die USA. »Gott ist ein Bulgare«, rief der damalige TV-Kommentator Nikolai Kolew nach dem Siegtreffer in der 90. Minute. Der spontane Ausruf wurde zum geflügelten Wort in Bulgarien und wird bis heute verwendet, wenn die Mannschaft mal wieder einen größeren oder zumindest mittelgrößeren Sieg eingefahren hat.

Der Argentinier Leandro Cufré erhielt als erster Spieler bei einer WM eine Rote Karte nach Spielende. Cufré hatte den deutschen Verteidiger Per Mertesacker nach Argentiniens Viertelfinalniederlage bei der WM 2006 einen Tritt in die Weichteile verpasst. Cufré war in dem Spiel nicht zum Einsatz gekommen.

Infolge des anschließenden Handgemenges zwischen einigen Spielern wurde Torsten Frings für die Halbfinalpartie der Deutschen gegen Italien gesperrt.

In der Rückrunde der Saison 2008/09 absolvierte Cufré fünf Spiele für Hertha BSC.

In den USA wird das Kreuzeck des Tors *Upper 90* genannt.

Chile wurde von den Weltmeisterschaften 1990 und 1994 ausgeschlossen, weil sich Torwart Roberto Rojas 1989 im entscheidenden Qualifikationsspiel gegen Brasilien mit einer Rasierklinge absichtlich das Gesicht aufgeschlitzt hatte. Rojas hatte die Klinge zuvor in seinen Handschuhen versteckt gehabt. Ehe er sich das Gesicht verwundete, hatte er versucht, der Welt zu vermitteln, er sei von einem von den Tribünen auf den Rasen geworfenen Feuerwerkskörper getroffen worden. Das WM-Organisationskomitee der FIFA unter der Leitung von DFB-Präsident Hermann Neuberger erkannte die Charade, sperrte Rojas lebenslänglich und verhängte zudem eine Strafe über 100 000 Schweizer Franken. Im Mai 1990 gab Rojas, der zuvor seine Unschuld beteuert hatte, alles zu. Die Idee sei ihm zwei Tage vor dem Spiel gekommen.

Die Werferin des Feuerwerkskörpers zierte zwei Monate nach dem Vorfall den Titel des brasilianischen *Playboy*. Rosenery

Mello do Nascimento hatte den Bengalo aus Begeisterung über die brasilianische Führung auf den Rasen geworfen.

In Italien wird das Kreuzeck *Sette* (»Sieben«) genannt.

In Brasilien wird das Kreuzeck poetisch als *Onde a coruja dorme* (»Wo die Eule schläft«) bezeichnet.

Island ist das kleinste Land, das an einer WM teilnahm. 2018 lösten die Nordeuropäer den Inselstaat Trinidad und Tobago ab, der bei der WM 2006 Gruppengegner von Schweden, England und Paraguay gewesen war.

Leo Beenhakker, Trinidads Trainer 2006, hatte bereits 1990 eine Nationalmannschaft bei einer WM betreut: sein Heimatland Niederlande. Zwischen den beiden Weltmeisterschaftsteilnahmen arbeitete Beenhakker in 16 Jahren bei zehn Vereinen oder Landesverbänden und trainierte unter anderem Real Madrid und Saudi-Arabien.

Berti Vogts heißt bürgerlich Hans-Hubert Vogts.

Nach dem Tod seiner Eltern – seine Mutter starb an Leukämie, als er zwölf war, sein Vater an einem Herzleiden ein Jahr später – wuchs Vogts in bescheidenen Verhältnissen bei einer Tante auf.

Vogts hatte 1999 einen Gastauftritt im *Tatort*. In der Folge »Habgier« bringt er als Nachbar Jürgen Lampert einer Familie einen ausgebüxten Hasen zurück und sagt: »Gib dem Kaninchen eine Möhre extra. Es hat uns das Leben gerettet.«

Miroslav Klose und Lukas Podolski haben denselben Zweitnamen: Josef.

Louis van Gaal, 2014 und 2022 Bondscoach bei der WM, heißt bürgerlich Aloysius Paulus Maria van Gaal.

Mats Hummels' zweiter Vorname ist Julian. Sein Sohn heißt Ludwig.

Der Vorbereiter des deutschen Finaltors von 2014 heißt laut Pass André Horst Schürrle.

Lionel Messi heißt komplett Lionel Andrés Messi Cuccittini.

Englands 4:3 im Elfmeterschießen im Achtelfinale der WM 2018 gegen Kolumbien war der erste Triumph der »Three Lions« im Elfmeterschießen bei einer WM.

Italien scheiterte bei allen drei Weltmeisterschaften in den 1990er-Jahren im Elfmeterschießen. 1990 im Halbfinale gegen Argentinien (3:4 i. E.), 1994 im Finale gegen Brasilien (2:3 i. E.), 1998 im Viertelfinale gegen Frankreich (3:4 i. E.).

2006 krönte sich Italien mit einem 5:3 im Elfmeterschießen gegen Frankreich zum vierten Mal zum Weltmeister.

Nur zwei WM-Finals wurden im Elfmeterschießen entschieden. Beide Male war Italien beteiligt.

Argentinien (Viertel- und Halbfinale 1990) und Kroatien (Achtel- und Viertelfinale 2018) sind die einzigen zwei Mannschaften, die während einer WM zwei Elfmeterschießen gewannen.

David Alaba heißt mit Zweitnamen Olatukunbo. Alabas Vater George stammt aus Nigeria, Mutter Gina von den Philippinen. Die Eltern lernten sich in Wien kennen. George Alaba kam 1984 als Student nach Wien, war der erste Schwarze im österreichischen Bundesheer und arbeitete als Musiker. Gina war Krankenschwester.

Hakan Sükür traf im Spiel seiner Türken gegen Südkorea im Spiel um Platz 3 bei der WM 2002 bereits nach elf Sekunden. Es war das schnellste Tor der WM-Geschichte. Die Türkei gewann das Spiel mit 3:2 und sicherte sich so ihr bestes WM-Resultat.

Sükür lebt seit 2015 in Washington D.C. im Exil und verdient sein Geld als Uber-Fahrer. Wegen einer angeblichen – und von ihm verneinten – Zugehörigkeit zur Gülen-Bewegung wird der türkische Rekordtorschütze (51 Tore) seit dem von der türkischen Regierung der Bewegung zugeschriebenen gescheiterten Putschversuch 2016 in der Türkei per Haftbefehl gesucht. Seine Konten wurden vom Regime nach Sükürs Aussage eingefroren, sein Vermögen beschlagnahmt.

Fünf Länder blieben bei ihren WM-Teilnahmen ohne Tor: Indonesien bei der WM 1938, Zaire (seit 1997 Demokratische Republik Kongo) 1974, Kanada 1986, China 2002 und Trinidad und Tobago 2006. Während Indonesien nur ein WM-Spiel absolvierte, hätten die anderen Mannschaften immerhin drei Spiele Zeit gehabt, ein Tor zu erzielen.

Leroy Sanés Zweitname lautet Aziz.

Evans Wise, der für Trinidad und Tobago bei der WM 2006 zwei Partien bestritt, spielte damals beim fünftklassigen Oberligisten Waldhof Mannheim.

In der Ewigen Tabelle der Weltmeisterschaften belegt El Salvador den 80. und letzten Platz. Bei zwei WM-Teilnahmen kassierten die Teams in sechs Spielen 22 Gegentore und holten null Punkte. Das eine Törchen auf der Habenseite macht den Kohl auch nicht mehr fett.

Horst Wolter, Deutschlands Ersatzkeeper bei der WM 1970, war nur zehn Jahre vorher Torwart geworden. Zuvor war der langjährige Keeper von Eintracht Braunschweig und Hertha BSC Rechtsverteidiger gewesen. »Meine Mutter sagte eines Tages: ›Junge, du kommst immer so abgehetzt nach Hause. Gibt's nicht auch eine Position, auf der du nicht so viel laufen musst?‹ So kam ich zwischen die Pfosten«, sagte Wolter einmal dem Magazin *11 Freunde*.

Bei der WM 1970 war Wolter die klare Nummer 2 hinter Sepp Maier, durfte allerdings das Spiel um Platz 3 gegen Uruguay absolvieren. Laut Wolter habe Maier selbst ihn nach dem Jahrhundertspiel gegen Italien gefragt, ob er das machen wolle. »Im Hotel sagte Sepp zu mir: ›Horst, ich bin platt. Willst du beim Spiel um Platz 3 in den Kasten?‹ Eine tolle Geste von ihm, der sich sonst nie ein Spiel entgehen ließ, selbst wenn er angeschlagen war. Er wollte mich damit auch für meine Loyalität belohnen«, erinnerte sich Wolter in *11 Freunde* und verriet: »Doch leider hatte ich mir einen kontaminierten Eiswürfel in die Cola gelegt und litt seit Tagen an Montezumas Rache. Während des gesamten Turniers hatte ich acht Kilo abgenommen und war in diesem Moment einfach nicht mehr im Vollbesitz meiner Kräfte. ›Das sagst du jetzt erst mal keinem, auch nicht dem Schön‹, meinte Sepp. ›Du gehst einfach rein. Und wenn du einen dummen Treffer kassierst, dann winkst du, und ich löse dich ab.‹« Doch das hinderte den begeisterten Hobbyfilmer Sepp Maier nicht daran, sich während des Spiels hinter das Tor zu stellen und Wolter zu filmen. Später soll er Helmut Schön die Fehler seines Kollegen genussvoll unter die Nase gerieben haben, behauptet zumindest Autor Ben Redelings. Allzu viele Fehler dürften es nicht gewesen sein, immerhin hielt Wolter Deutschlands 1:0 fest.

Eine zur WM 1974 von der Deutschen Bundespost herausgegebene Sondermarke zeigte eine Parade Horst Wolters. Die Briefmarke hatte einen Nennwert von 30 Pfennig.

Auf einer zweiten zur WM 1974 herausgegebenen Sondermarke war Uli Hoeneß während einer Spielszene eines Länderspiels gegen Frankreich im Jahr 1973 abgebildet. Die Briefmarke hatte einen Nennwert von 40 Pfennig. Hoeneß wie auch Horst Wolter auf dem anderen Motiv wurden jedoch leicht verfremdet, da noch lebende Menschen in Deutschland nicht auf Briefmarken verewigt werden durften.

Zur WM 2010 brachte die Deutsche Post erneut eine Sonderbriefmarke heraus; diesmal bildete sie Lukas Podolski ab, in einer Spielszene aus dem EM-Finale 2008 gegen Spanien.

Joshua Kimmich wird »Josua Kimmich« ausgesprochen. Sein zweiter Vorname lautet Walter.

Der für Gegnerbeobachtung zuständige niederländische Assistenztrainer wurde Tage vor dem Finale der WM 1974 gegen Deutschland nach Hause geschickt, weil er in betrunkenem Zustand eine Champagnerflasche aus seinem Zimmer geworfen hatte und beinahe einen Spieler traf. Die niederländische Nationalmannschaft ging daher ohne Besprechung des Gegners in das Finale gegen Deutschland.

Zaires Nationalspieler Mulamba N'Daye kassierte bei der WM 1974 eine Rote Karte, weil er dem Schiedsrichter einen Tritt in den Hintern verpasste. N'Daye hatte eine Entscheidung des Schiedsrichters nicht gepasst.

Nach dem Ausscheiden aus der WM wurde die Nationalmannschaft Zaires an der französischen Grenze von der Polizei gestoppt; die Verantwortlichen waren davon ausgegangen, den während der WM benutzten Mannschaftsbus behalten zu dürfen.

Brasilien nahm als einziger Verband an allen Weltmeisterschaften teil und hat als einziges Land fünfmal gewonnen. Schlechteste Platzierung war Rang 14 (von 16 Teilnehmern) bei der WM 1934.

Kaká erhielt bei der WM 2010 im Spiel Brasilien gegen die Elfenbeinküste innerhalb von drei Minuten zwei Gelbe Karten und fehlte seiner Mannschaft somit im letzten Gruppenspiel gegen Portugal.

Torsten Frings' zweiter Vorname ist Klaus.

Samuel Osei Kuffour, langjähriger Verteidiger des FC Bayern München, Liebhaber rot-weißer Trikots und 2006 WM-Teilnehmer mit Ghana, nannte seinen 2022 geborenen jüngsten Sohn Munich.

Auf dem berühmt-berüchtigten Foto, auf dem der türkische Staatspräsident Recep Tayyip Erdoğan sich Mitte Mai 2018 in einem Londoner Hotel gemeinsam mit den beiden deutschen Nationalspielern und WM-Fahrern Mesut Özil und İlkay Gündoğan ablichten ließ, war auch der in Wetzlar geborene und 2018 für den FC Everton spielende türkische Nationalspieler Cenk Tosun zu sehen.

Recep Tayyip Erdoğan war Trauzeuge bei der Hochzeit von Mesut Özil und Amine Gülşe 2019. Özil war nach der WM 2018 aus der DFB-Elf zurückgetreten und hatte dabei in einem Facebook-Post dem DFB und vor allem dem damaligen DFB-Präsident Reinhard Grindel schwere Vorwürfe gemacht.

»Mit schwerem Herzen und nach langer Überlegung werde ich wegen der jüngsten Ereignisse nicht mehr für Deutschland auf internationaler Ebene spielen, solange ich dieses Gefühl von Rassismus und Respektlosigkeit verspüre«, schrieb Özil. Er fühle sich schlecht behandelt. »Ich werde nicht länger als Sündenbock dienen für seine Inkompetenz und seine Unfähigkeit, seinen Job ordentlich zu erledigen«, schrieb Özil.

Gündoğan hatte sich im Gegensatz zu Özil unmittelbar nach Erscheinen der Fotos zu den Werten des DFB bekannt und erklärt: »Wir haben aufgrund unserer türkischen Wurzeln noch einen sehr starken Bezug zur Türkei. Das heißt aber nicht, dass wir jemals behauptet hätten, Herr Steinmeier sei nicht unser Bundespräsident oder Frau Merkel nicht unsere Bundeskanzlerin.« Es sei nicht Özils und seine Absicht gewesen, »ein politisches Statement« zu setzen.

Brasilien spielte am häufigsten gegen Schweden. Von den insgesamt 109 WM-Partien Brasiliens fanden sieben gegen die Skandinavier statt. Die »Seleção« verlor kein einziges davon.

Österreich gelang bei der WM 1954 im Spiel gegen die Schweiz fünf Tore in 15 Minuten. Nach 19 Spielminuten hatte es bereits 3:0 für die Schweiz gestanden. Am Ende gewann Österreich die Partie mit 7:5.

Sócrates, Kapitän der brasilianischen Nationalmannschaft bei den Weltmeisterschaften 1982 und 1986, hieß bürgerlich Sócrates Brasileiro Sampaio de Souza Vieira de Oliveira. Er ist der WM-Teilnehmer mit dem längsten Namen.

Sócrates' Bruder Rai war ebenfalls Kapitän der »Seleção« – und wurde sogar Weltmeister. 1994 begann er die WM in den USA als Kapitän und Stammspieler im zentralen Mittelfeld, wegen schwacher Leistungen verlor er aber nach der Vorrunde seinen Stammplatz und die Binde; der damalige Stuttgarter und spätere Nationaltrainer Carlos Dunga übernahm.

Sócrates verpasste die WM 1978 wegen seines Medizinstudiums. Er war nicht nur Fußballprofi, sondern auch Kinderarzt, Kettenraucher und Alkoholiker. Er starb 2011 mit 57 Jahren an den Folgen seines Alkoholmissbrauchs.

1983 hatte Sócrates in einem Interview auf die Frage, wie er einmal sterben wolle, geantwortet: »Ich möchte an einem Sonntag sterben und Corinthians soll Meister werden.« Sein Todestag am 4. Dezember 2011 war ein Sonntag. Wenige Stunden nach seinem Tod wurde Corinthians São Paulo zum fünften Mal brasilianischer Meister.

Als Spieler von Corinthians hatte Sócrates ab 1981 zusammen mit einigen Gleichgesinnten die Bewegung »Democracia Corinthiana«, die Demokratie von Corinthians, eingeführt. Einige Jahre lang wurden alle Entscheidungen im Klub bis hin zu Neuverpflichtungen und Aufstellungen selbstverwaltet und basisdemokratisch getroffen. Sócrates und Co. positionierten sich gegen die damalige Militärdiktatur und mahnten soziale Reformen an. Corinthians war der erste brasilianische Klub mit Trikotwerbung – der Klub nutzte das für politische Botschaften wie *Diretas já* (»Direktwahlen jetzt«) oder *Eu quero votar para presidente* (»Ich will den Präsidenten wählen«). 1982 und 1983 gewannen die Radikaldemokraten die Staatsmeisterschaft von São Paulo. Corinthians tilgte zudem während der Periode seine Schulden.

Zu Lebzeiten hatte der Fußballkünstler und überzeugte Linke eher auf kleinen Fuß gelebt: Bei einer Größe von 1,92 Meter hatte Sócrates Schuhgröße 41.

Roger Milla ist der älteste WM-Torschütze der Geschichte. Der Kameruner, geboren am 20.5.1952, erzielte bei der WM 1994 in den USA im Alter von 42 Jahren beim 1:6 gegen Russland den Ehrentreffer.

Milla hatte seine Vereinskarriere eigentlich schon am 31. Mai 1989 beendet und sich nach zwölf Jahren als Profi in Frankreich auf La Réunion zur Ruhe gesetzt. Auf Bitten seiner Mitspieler und des kamerunischen Verbands kehrte er als vereinsloser Spieler zur WM 1990 in die Nationalelf zurück – und hatte mit seinen vier Toren maßgeblichen Anteil daran, dass Kamerun als erstes Team aus Afrika das WM-Viertelfinale erreichte. Jedes seiner Tore feierte Milla mit dem in Kamerun populären Makossa-Tanz an der Eckfahne.

Die kamerunische Nationalmannschaft benötigte für die Anreise zur WM 2002 in Japan 42 Stunden. Der Tross flog schon mit gehöriger Verspätung in Paris los, weil die Spieler des deutschen Trainers Winnie Schäfer die ausgehandelte WM-Prämie von 45 700 Euro sofort ausbezahlt haben wollten. Beim Zwischen- und Auftankstopp in Addis Abeba verzögerte sich die Weiterreise um sechs Stunden, weil das Büro der Flughafentankstelle nicht besetzt war und das Kerosin deshalb nicht bezahlt werden konnte. In Mumbai dauerte das Auftanken neun Stunden; Kambodscha, Vietnam und die Philippinen sperrten für die Maschine den Flugraum. Nach einem außerplanmäßigen Stopp in Bangkok landete der Flieger nach 39 Stunden Reisezeit in Fukuoka. Die letzte Etappe zum WM-Quartier dauerte dann nur noch drei Stunden – mit dem Zug.

Der DFB habe »40 Millionen Euro an Mehrwertsteuer, 7,4 Millionen an Lohnsteuer und 6,5 Millionen an Sozialversicherung«

während der Ausrichtung der WM 2006 bezahlt«, sagte DFB-Präsident Theo Zwanziger im Sommer 2006 stolz. Zudem seien durch die WM 85 185 Arbeitsplätze geschaffen worden, und man habe »die Forderung unseres Ehrenpräsidenten Egidius Braun erfüllt, für die Finanzierung der WM keine Steuergelder in Anspruch zu nehmen«. Die Sommermärchen-Affäre enthüllte der *Spiegel* schließlich erst 2015.

Brasilien schoss bei der 1:7-Schmach im WM-Halbfinale 2014 gegen Deutschland häufiger aufs Tor als der spätere Weltmeister. Brasilien kam nach 90 Minuten auf 18 Torschüsse, Deutschland auf 14.

Die Schuhe, die Lothar Matthäus während der ersten Halbzeit des WM-Finals 1990 trug, hatte ihm sein Gegenspieler Diego Armando Maradona geschnürt.

Maradona hatte 1988 vergessen, eigene Fußballschuhe zum Abschiedsspiel von Michel Platini mitzunehmen. Matthäus hatte zwei Paar dabei – und lieh ihm sein Ersatzpaar. Maradona waren die Schuhe aber zu eng geschnürt, weswegen er die »lockere Schnürung der Südamerikaner« aufzog. »Ich habe das dann einfach gelassen«, sagte Matthäus Jahre später der *Mitteldeutschen Zeitung*. Als die Sohle des Schuhs schließlich im WM-Finale 1990 brach, zog sich Matthäus in der Pause seine neuen Ersatzschuhe an. Weil er sich darin nicht komplett wohlfühlte, ließ er Andreas Brehme den entscheidenden Elfmeter gegen Argentinien schießen. »Mit einem neuen Schuh geht man ja auch nicht gleich zum Opernball«, begründete Matthäus 2010.

Mit dem 1990 gebrochenen Schuh hatte Matthäus zuvor 70 Länderspiele absolviert »Acht Jahre habe ich den getragen. Das war der Spielschuh, nicht der Trainingsschuh«, ließ er die *Mitteldeutsche Zeitung* wissen.

Torwart Toni Schumacher offenbarte in seinem 1987 erschienenen Buch *Anpfiff* die Freizeitgewohnheiten einiger deutscher Nationalspieler: »Nicht selten wurde um 20 000 oder 30 000 DM gepokert. Andere bumsten bis zum Morgengrauen und kamen wie nasse Lappen zum Training gekrochen. Wieder andere gossen reichlich Whisky in sich rein, schlimmer als Quartalssäufer«, schrieb er. In Ungnade fiel Schumacher aber vor allem, weil er in dem Buch in der Bundesliga damals angeblich übliche Dopingpraktiken enthüllte. *Anpfiff* wurde in 15 Sprachen übersetzt und mehr als 1,5 Millionen Mal verkauft.

Der junge Ersatzspieler Lothar Matthäus hielt während eines Spiels der WM 1982 ein selbst bemaltes Bettlaken mit der Aufschrift »Hannes ist der Beste« hoch. Mit Hannes war sein Mannschaftskollege und Sitznachbar Wilfried Hannes gemeint. Als Lohn dafür bekam Matthäus 1000 DM – Hannes hatte gewettet, dass Matthäus sich das nicht trauen würde. Da kannte der Profi von Borussia Mönchengladbach einen Lothar Matthäus aber schlecht.

Franck Ribéry konvertierte vor der WM 2006 aus Liebe zu seiner algerischstämmigen und muslimischen Frau Wahiba Belhami zum Islam. Sein islamischer Name lautet Bilal Yusuf Mohammed.

Auch Ribérys Nationalmannschaftskollege Thierry Henry konvertierte zum Islam. Er machte dies während der WM 2006 öffentlich.

Byron Moreno, Schiedsrichter bei der WM 2002, wurde 2010 am John F. Kennedy Airport in New York verhaftet. Er hatte versucht, sechs Kilo Heroin in die USA zu schmuggeln. Moreno wurde zu zweieinhalb Jahren Haft verurteilt.

Bei der WM hatte er unter anderem das Achtelfinale zwischen Gastgeber Südkorea und Italien geleitet und für Aufsehen gesorgt, als er unter anderem Italiens Francesco Totti höchst umstritten Gelb-Rot zeigte und den Italienern in der Verlängerung ein reguläres Tor aberkannte, das Italien wegen der damals geltenden Golden-Goal-Regel sofort ins Viertelfinale gebracht hätte. Stattdessen traf in der 118. Minute Südkorea, die »Azzurri« schieden aus. »Der schlechteste Schiedsrichter aller Zeiten«, urteilte die *Gazzetta dello Sport* über den Mann aus Ecuador. Die römische Staatsanwaltschaft eröffnete sogar ein Ermittlungsverfahren wegen Verschwörung zulasten Italiens. Zu einem Verfahren kam es nicht. Moreno trat bis zu seiner

Verhaftung immer wieder in Unterhaltungssendungen im italienischen Fernsehen auf.

Vom Stinkefinger, den Stefan Effenberg während der WM 1994 bei seiner Auswechslung gegen Südkorea den deutschen Fans zeigte, gibt es keinerlei Foto- oder Videoaufnahmen. Auch Bundestrainer Berti Vogts und DFB-Präsident Egidius Braun, die Effenberg schließlich aus der Mannschaft warfen, hatten die Szene nicht mitbekommen.

Effenberg, der von den deutschen Fans wegen einer vermeintlich lustlosen Leistung ausgepfiffen worden war, schob seinen Fauxpas anschließend unter anderem auf die Hitze. Auf dem Rasen im Cotton Bowl in Dallas waren es gut 50 Grad Celsius in der Sonne.

Mehrere Mannschaftskameraden, unter anderem Kapitän Jürgen Klinsmann, versuchten noch, Vogts und Braun umzustimmen. Doch vor allem DFB-Präsident Egidius Braun, Spitzname »Pater Braun«, blieb hart. »Sie wollten mich umstimmen, doch mit mir war nicht zu reden«, bestätigte Braun später. Er drohte sogar damit, die gesamte Mannschaft vom Turnier zurückzuziehen. »Ich schäme mich in tiefster Seele, dass ein herausragender Vertreter des DFB in übelster Weise das verletzt hat, was wir aufgebaut haben«, sagte Braun damals.

Statt nach seinem Rauswurf sofort nach Hause zu fliegen, zog Effenberg mit seiner Familie ins »Residence Inn« in unmittelbarer Nachbarschaft zum deutschen Teamhotel in Oak Brook, gab dort Interviews am Pool und organisierte eine Grillparty, zu der Bodo Illgner und Thomas Häßler erschienen.

Oleg Salenko erzielte beim 6:1 gegen Kamerun während der WM 1994 fünf Tore. Nach der WM wurde der Russe nie mehr zu einem Länderspiel eingeladen.

In der Saison vor der WM war Salenko der am schlechtesten bezahlte Profi in der spanischen Primera Division. Beim CD Logroñés verdiente er den von der Liga festgesetzten Mindestlohn von umgerechnet 1000 Euro im Monat.

Nach dem Ende seiner aktiven Karriere war Salenko Trainer der ukrainischen Beachsoccer-Nationalmannschaft.

Italiens Nationalmannschaft feierte ihren Triumph bei der WM 2006 vor allem mit dem Lied »Seven Nation Army« von den White Stripes. Die italienischen Fans stimmten damals immer wieder das charakteristische *Po po po po po po po* der Basssaiten an. In Italien war der bereits 2003 erschienene Song sogar lange nur als »Po po po po po po po«-Lied bekannt. Dem italienischen Fußball näher gebracht hatte das Lied Italiens Offensivstar Francesco Totti. Der hatte den Song während eines

UEFA-Cup-Auswärtsspiels seiner AS Rom bei Club Brügge im Stadion gehört. »Ich hatte das Lied vor dem Spiel in Brügge noch nie gehört«, bekannte er später. »Seitdem bekomme ich das ›Po po po po po po po‹ nicht mehr aus meinem Kopf raus. Es hörte sich fantastisch an und die Zuschauer haben sofort mitgemacht. Ich bin ziemlich schnell losgegangen und habe mir das Album besorgt«, sagte Totti. Seine Mannschaftskameraden waren ähnlich begeistert, und so wurde das Lied erst zur inoffiziellen Hymne der römischen Mannschaft, dann der italienischen Nationalmannschaft und ihrer Fans.

Während eines Konzerts in Mailand sangen die italienischen Weltmeister Alessandro del Piero und Marco Materazzi zusammen mit den Rolling Stones »Seven Nation Army«.

Der Ägypter Essam El-Hadary war bei seinem Einsatz gegen Saudi-Arabien bei der WM 2018 45 Jahre und 161 Tage alt. Er ist der älteste WM-Spieler der Geschichte.

Salvatore »Totò« Schillaci erzielte sechs seiner sieben Länderspieltreffer während der WM 1990. Als No-Name-Spieler angereist, wurde er Torschützenkönig und zum besten Spieler der WM gewählt. Als Kind flickte der Sizilianer Reifen, um zum Unterhalt der siebenköpfigen Familie beizutragen.

1994 wechselte Schillaci als erster Italiener in die japanische J-League zu Júbilo Iwata, bis 1997 erzielte er 56 Tore in 78 Spielen und gewann 1997 die Meisterschaft.

Nach dem Ende seiner aktiven Karriere war er unter anderem zwei Jahre lang Stadtrat für die Forza Italia in Palermo, nahm an der Reality-Show *L'isola dei famosi* teil und spielte in einem TV-Film einen Mafiaboss.

Elf Jahre nach dem Ende seiner aktiven Karriere gab Schillaci 2008 ein Comeback für ein Spiel. Am letzten Spieltag der Saison trat er für den damaligen apulischen Sechstligisten Leonessa Altamura an. Doch selbst mit dem früheren Nationalspieler verlor der Klub auch das 34. und letzte Saisonspiel.

Frank Rijkaard spuckte Rudi Völler im Achtelfinalspiel der Niederlande gegen Deutschland bei der WM 1990 gleich zweimal ins lockige Haar. Rijkaard hatte zunächst nach einem Foul an Völler in der 21. Minute die Gelbe Karte erhalten und aus Frust seinen Gegenspieler angespuckt. Daraufhin hatte Schiedsrichter Juan Carlos Loustau zur Verwunderung so gut wie aller beide Spieler vom Platz geschickt. Auf dem Weg in die Katakomben hatte Rijkaard Völler nochmals angespuckt. Der rächte sich im Kabinentrakt mit einer Ohrfeige. Rijkaard bat noch am Abend um Entschuldigung und setzte sich bei der FIFA dafür ein, dass Völler trotz Roter Karte nicht gesperrt wird. »Er kann nichts dafür, die Rote Karte ist ungerecht«, gab der Niederländer zu Protokoll. Vergebens. Seinen Ausraster erklärte Rijkaard mit »persönlichen Problemen«: Er sei »besonders gereizt in das Spiel« gegangen. »Das musste sich entladen. Ich hatte mich wegen privater Schwierigkeiten nicht im Griff. Ich kann es leider nicht ungeschehen machen. Jeder Mensch macht Fehler, es tut mir leid«. Völler nahm die Entschuldigung an. »Es ist halt passiert, fertig, vorbei«, sagte er.

Deutschland gewann das hitzige Achtelfinalspiel schließlich mit 2:1. Teamchef Franz Beckenbauer sagte hinterher in der ARD zum damaligen Reporter Reinhold Beckmann über den an jenem Abend überragenden Jürgen Klinsmann: »Der Jürgen Klinsmann hat über seine Verhältnisse gespielt.«

Als Jürgen Klinsmann im WM-Viertelfinale 1990 gegen die Tschechoslowakei eher unter seinen Verhältnissen spielte, rief Teamchef Franz Beckenbauer ihm irgendwann zu: »Du bist der Klinsmann, nicht der Pelé!« Klinsmanns Mitspielern riet der Kaiser: »Spielt's den blinden Klinsmann nicht an, der ist heute gegen uns.« Zwischendurch fragte Beckenbauer sogar einen Balljungen, ob er eingewechselt werden wollte. »Der war ja ein Italiener. Der hat mich natürlich nicht verstanden. Aber ich hätte den damals gebracht«, erinnerte sich Beckenbauer.

Ronaldo entschuldigte sich 2021 »bei allen Müttern« für seine maximal skurrile »Vorne Haardreieck, Rest kahl«- Frisur, die er sich vor dem Halbfinale der WM 2002 schneiden ließ. »Es war schrecklich. Ich entschuldige mich bei allen Müttern, die mitansehen mussten, wie ihre Kinder den gleichen Haarschnitt bekamen«, sagte Ronaldo der *Sports Illustrated*. Die Frisur sei damals mitnichten die Folge einer totalen Geschmacksverirrung und eines ästhetischen Kontrollverlusts gewesen, sondern ein Ablenkungsmanöver, erklärte der Torschützenkönig jener WM weiter. Vor dem Halbfinale gegen die Türkei hatte sich Ronaldo am Muskel verletzt. Um das zu verschleiern – und der Welt ein anderes Gesprächsthema zu liefern –, habe er sich für den Haarschnitt entschieden. Ronaldo erzielte mit dem schlimmen Haarschnitt den Siegtreffer im Halbfinale und später auch beide Tore gegen Deutschland und Oliver Kahn im Finale.

Daniel van Buytens Vater war der Catcher Franz van Buyten. Daniel begründete sein Karriereende 2014 auch damit, dass er näher bei seinem Vater, der 2009 einen Schlaganfall erlitten hatte, sein wollte. Sein letztes Karrierespiel absolvierte der Verteidiger im WM-Viertelfinale 2014 gegen Argentinien. Sein Gegenspieler Lionel Messi blieb bei Argentiniens 1:0 torlos, van Buyten erhielt am Ende Messis Trikot.

Lothar Matthäus wurde von seinen Mitspielern wegen seiner Neigung zum Plaudern »die Schallplatte« genannt.

Thomas Müller hat den Spitznamen »Radio Müller«.

Deutschland hatte im Finale der WM 1966 in England offiziell Heimrecht. England gewann die Heim-WM in seinen roten Ausweichtrikots. Nur Spanien gewann 2010 die WM auch in den Auswärtstrikots.

Deutschland und Frankreich bestritten im Halbfinale der WM 1982 das erste Elfmeterschießen der WM-Geschichte. Deutschland setzte sich darin mit 5:4 durch. Dass das Spiel auch als »Nacht von Sevilla« in die Geschichte einging, lag eher am dramatischen Spielverlauf. Deutschland hatte in der Verlängerung bereits mit 1:3 zurückgelegen, ehe die eingewechselten Spieler Karl-Heinz Rummenigge und Klaus Fischer – na klar: letzterer per Fallrückzieher – den Ausgleich besorgten. Im Elfmeterschießen hielt Deutschlands Keeper Toni Schumacher zwei Elfmeter. Bei Deutschland verschoss nur Uli Stielike.

Die französische Sporttageszeitung *L'Équipe* schrieb nach jenem Halbfinalspiel über Deutschlands Torhüter: »Toni Schumacher. Beruf Unmensch«. Andere rückten den Keeper in die Nähe der SS. Schumacher war dem Franzosen Patrick Battiston ohne Rücksicht auf Verluste mit dem Becken voraus an den Kopf gesprungen. Battiston war mehrere Minuten bewusstlos gewesen, brach sich einen Halswirbel an und zog sich eine Gehirnerschütterung zu. Während Battiston behandelt wurde, wärmte sich Schumacher einige Meter entfernt von der Szene auf und wirkte ansonsten recht unbeteiligt. Als ihn ein Journalist nach dem Spiel damit konfrontierte, dass Battiston wohl ein paar Zähne verloren habe, antwortete Schumacher: »Wenn es nur die Jacketkronen sind. Die bezahle ich ihm gerne.« Die Vorkommnisse sorgten sogar für regen diplomatischen Austausch beider Länder. Der Keeper bat später für die Geschehnisse in aller Form um Entschuldigung. Battiston vergab ihm.

Schumachers Adresse für Autogrammkartenwünsche zu jener Zeit: Toni Schumacher, Krankenhausstraße 88, 5030 Hürth.

Schumachers Nationalmannschaftskarriere endete schließlich erst 1987 – nach dem Erscheinen seines Buches *Anpfiff*, in dem er über Dopingpraktiken in der Bundesliga und sich unter anderem in epischer Breite über die wilden Tage der WM-Vorbereitung 1986 am Schluchsee ausließ. Das damalige WM-Vorbereitungsquartier im Schwarzwald hatte schon damals den Spitznamen »Schlucksee« weg.

Ersatztorwart Uli Stein flog vor dem Viertelfinale der WM 1986 aus dem WM-Kader, weil er Teamchef Franz Beckenbauer in Anlehnung an dessen etwas peinlichen Tütensuppen-Werbespot in den 1960er-Jahren »Suppenkasper« genannt hatte.

Den Rauswurf Steins hatte DFB-Präsident Hermann Neuberger befohlen. Beckenbauer war dagegen gewesen.

Beckenbauer rief Stein 1990 an und fragte ihn, ob er grundsätzlich bereit wäre, wieder für die Nationalmannschaft zu spielen. Stein sagte zu. Beckenbauer meldete sich danach nicht mehr.

Franz Beckenbauer erwarb nie eine Trainerlizenz. Von 1984 bis 1990 fungierten erst Horst Köppel und ab 1986 Holger Osieck offiziell als Bundestrainer. »Teamchef« Beckenbauer, der ursprünglich nach einem Jahr vom damaligen Stuttgarter Meistertrainer und beim VfB nicht sofort aus seinem Vertrag herauskommenden Helmut Benthaus abgelöst werden sollte, entschied dennoch über alles.

Der DFB verlieh Beckenbauer im Februar 1989 eine Trainerlizenz ehrenhalber.

Auch Rudi Völler fungierte während seiner Amtszeit von 2000 bis 2004 mangels Lizenz als Teamchef beim DFB. Auch Völler sollte erst einmal nur eine Übergangslösung sein, ehe Christoph Daum aus seinem Vertrag bei Bayer Leverkusen freikommen würde. Daum kam dann die Kokainaffäre in die Quere, Völler führte das DFB-Team in Japan und Südkorea 2002 bis ins WM-Finale.

Lothar Matthäus' zweiter Vorname ist Herbert.

Das Regime Nordkoreas soll bei der WM 2010 insgesamt 1000 Chinesen mit Freikarten ausgestattet und in nordkoreanische Fan-Outfits gesteckt haben, damit auf den Tribünen der WM-Stadien auch »nordkoreanische« Fans zu sehen waren.

Lothar Matthäus arbeitete während der WM 2010 als Experte für *Al Jazeera*.

Das erste WM-Elfmeterschießen ohne Beteiligung einer europäischen Mannschaft fand erst 2010 statt. Paraguay besiegte Japan im Achtelfinale mit 5:3 im Elfmeterschießen.

Bora Milutinović nahm als einziger Trainer an fünf Weltmeisterschaften hintereinander teil – mit fünf verschiedenen Mannschaften: Milutinović betreute 1986 Mexiko, 1990 Costa Rica, 1994 die USA, 1998 Nigeria und 2002 China. Weil der Serbe bis auf China mit allen Mannschaften die K.-o.-Phase erreichte, wird er auch »Meister des Unmöglichen« genannt.

Weniger als eine Woche vor dem Start der WM 1970 wurde Englands Kapitän Bobby Moore bei einem Zwischenstopp in Bogotá verhaftet und vier Tage unter Hausarrest gestellt. Moore, der als einer der reichsten Fußballer seiner Zeit galt, wurde vorgeworfen, eine Woche zuvor in einem Schmuckgeschäft ein

Smaragdarmband im Wert von 1500 Dollar gestohlen zu haben. Moore war unschuldig, der Ladenbesitzer hatte eine Verkäuferin zur Falschaussage überredet.

Franz Beckenbauer spielte rund 50 Minuten des »Jahrhundertspiels« gegen Italien im Halbfinale 1970 mit dem Arm in einer Schlinge: Der Kaiser hatte sich in der 65. Minute der regulären Spielzeit die Schulter ausgerenkt, Deutschland hatte zu dem Zeitpunkt das Wechselkontingent von damals zwei Spielern bereits ausgeschöpft. »Der Münchner verließ das Feld wie ein verwundeter, besiegter, aber stolzer preußischer Offizier. Einer der größten Spieler dieser WM wurde bei jedem Schritt umjubelt«, schrieb der britische *Evening Standard* über den Paradebayern nach dem 3:4 nach Verlängerung.

Vier Monate vor dem Start der WM 1966 wurde in London der ausgestellte WM-Pokal gestohlen. Der Dieb wurde eine Woche später gefasst. Zuvor hatte er 15 000 Pfund Lösegeld gefordert, andernfalls würde er die Trophäe einschmelzen. Wo er den Pokal versteckt hatte, verriet er nicht. Ein Hund namens Pickles fand den von Scotland Yard gesuchten Cup schließlich beim Gassigehen unter einem Busch im Süden Londons wieder.

Pickles bekam als Belohnung eine Karte fürs Eröffnungsspiel der WM, außerdem eine Rolle in einem Film und ein Jahr Hundefutter gratis.

Aus Angst, dass der damalige WM-Pokal Jules Rimet den Nazis in die Hände fallen und von diesen eingeschmolzen werden könnte, versteckte der italienische Fußballfunktionär Ottorino Barassi die Trophäe während des Zweiten Weltkriegs in einer Schuhschachtel unter seinem Bett.

Zu Beginn des Weltkriegs war die Trophäe in Besitz des amtierenden Weltmeisters Italien. Ottorino Barassi gab den Cup vor Beginn der WM 1950 an die FIFA zurück.

Brasilien durfte den Jules-Rimet-Pokal nach dem dritten WM-Gewinn 1970 behalten. Am 19. Dezember 1983 wurde die 3,8 Kilogramm schwere Trophäe aus einer Vitrine im Gebäude des brasilianischen Fußballverbands gestohlen und vermutlich eingeschmolzen.

Seit 2006 erhalten die WM-Gewinner lediglich eine Nachbildung des WM-Pokals aus vergoldeter Bronze. Den Triumph dürfen Spieler, Team und Funktionäre noch mit dem Original feiern.

George Best und Diego Maradona sind beide an einem 25. November gestorben. Xabi Alonso, 2010 Weltmeister mit Spanien, hat dagegen am 25. November Geburtstag.

Auch Maradona und sein Freund Fidel Castro haben den gleichen Todestag.

Maradona und der damalige kubanische Staatschef und Máximo Lider waren befreundet, seit der drogenabhängige Weltmeister von 1986 im Jahr 2000 nach einer schweren Herzattacke infolge einer Kokainüberdosis in Kuba sich einer sechsmonatigen Entziehungskur unterzogen hatte. Bis 2005 verbrachte Maradona immer wieder längere Zeit auf Kuba. Nach Castros Tod 2016 würdigte Maradona den verstorbenen Revolutionär, dessen Konterfei er sich sogar auf den Oberschenkel tätowieren ließ, als »zweiten Vater«.

Während seiner Zeit in Kuba zeugte Maradona drei Kinder, zu denen er sich 2019 bekannte. Insgesamt hatte Maradona acht Kinder von sechs Frauen.

Maradonas ältester unehelicher Sohn, Diego Armando Maradona Sinagra, spielte in der italienischen Beachsoccer-Nationalmannschaft. Bei der WM 2008 erzielte er im Finale gegen Brasilien ein Tor. Italien verlor dennoch 3:5 und wurde Vizeweltmeister.

Diego Armando Maradona und Diego Armando Maradona junior trafen sich 2003 zum ersten Mal. Obwohl ein italienisches Gericht bereits 1993 die Vaterschaft Maradonas erklärt hatte, bekannte sich der Vater erst 2016 zu seinem ihm wie aus dem Gesicht geschnittenen Sohn.

Sepp Maier ist gelernter Maschinenschlosser. Sein Traumberuf war aber immer Schauspieler. 1967 spielte der Torwart des FC Bayern München und spätere Weltmeister im vierten Teil der Lausbubenfilme nach Ludwig Thomas *Wenn Ludwig ins Manöver zieht* einen bayerischen Soldaten namens Sepp Maier. Kleinere Nebenrollen in dem Streifen hatten auch Gerd Müller (als Müller) und Bayern Münchens Trainer Zlatko Čajkovski als Kompaniekoch Čajkovski.

Garrincha, mit Abstand bester Spieler der WM 1962 und neben Pelé wohl der beste brasilianische Fußballer der Geschichte, hatte ein X- und ein O-Bein. Der Techniker kam mit deformiertem Rückgrat zur Welt. Dank zahlreicher schmerzhafter Operationen konnte er laufen, jedoch war sein linkes Bein 6 Zentimeter kürzer als das rechte. Das linke Bein blieb zudem nach innen, das rechte nach außen gerichtet. Weil er als Kind so klein war, rief ihn seine Schwester *Garrincha* (»Vögelchen«).

Garrinchas behandelnder Orthopäde riet ihm, Fußball zu spielen, um seine Koordinationsfähigkeit zu schulen. Garrincha war Analphabet.

Garrincha wäre für das WM-Finale 1962 nach einem Platzverweis im Halbfinale gesperrt gewesen. Er entging der Sperre aber, weil der einzige Augenzeuge von Garrinchas Tätlichkeit im Halbfinale, Linienrichter Esteban Marino, nicht bei der Sitzung des FIFA-Sportgerichts auftauchte. Ein Trio um den späteren FIFA-Präsidenten João Havelange hatte Marino einen Trip nach Paris spendiert – unter der Bedingung, dass der Schiedsrichter das WM-Land Chile sofort verlassen würde. Garrincha wurde aus Mangel an Beweisen freigesprochen.

Der Vater von João Havelange war Waffenhändler. Havelange, von 1974 bis 1998 skandalumwitterter FIFA-Präsident, trat bei zwei Olympischen Spielen an – 1936 in Berlin als Schwimmer, 1952 als Wasserballer in Helsinki.

Torwart Heinrich Kwiatkowski kassierte in zwei WM-Spielen 14 Gegentore. Nach dem 3:6 im Spiel um Platz 3 gegen Frankreich bei der WM 1958 bat die BVB-Legende Bundestrainer Sepp Herberger, ihn nicht mehr aufzustellen. Herberger kam der Bitte nach. Sein erstes WM-Spiel hatte Kwiatkowski während der WM 1954 absolviert, beim 3:8 in der Vorrunde gegen Ungarn. In beiden Spielen hatte Herberger aus taktischen Erwägungen nur eine B-Elf aufs Feld geschickt. Der bemitleidenswerte Kwiatkowski hatte beide Male eine gute Leistung gezeigt.

Der tschechische Torwart Frantisek Planicka spielte im WM-Viertelfinale 1938 gegen Brasilien mehr als eine halbe Stunde mit gebrochenem Arm. Auswechslungen waren damals nicht erlaubt. Planicka ließ kein Gegentor zu. Das Wiederholungsspiel verloren die Tschechen ohne Planicka mit 1:2.

Karl-Heinz Riedle, ewig junger Weltmeister von 1990, betreibt heute das Sporthotel »Hotel evviva« in Oberstaufen.

Trainer Edmondo Fabbri wurde nach Italiens Ausscheiden in der Vorrunde bei der WM 1966 in der Heimat für sechs Monate gesperrt. Italien hatte in England unter anderem gegen Nordkorea verloren. Fabbri hatte nach der Rückkehr nach Italien von einer Verschwörung gegen sich gesprochen und unter anderem dem ehemaligen Mannschaftsarzt vorgeworfen, den Spielern Spritzen aus rosa Fläschchen gegeben zu haben.

Nordkorea war die erste Mannschaft, die nicht aus Europa oder Amerika stammte und eine WM-Vorrunde überstand. Erst 1986 gelang dies mit Marokko erneut einem Team.

Die Wettquote für einen Sieg der USA gegen England bei der WM 1950 betrug 1:500. Die US-Boys, die am Vorabend des Spiels Rio de Janeiro unsicher gemacht haben und laut eigener Aussagen »in mindestens zwölf Bars« gewesen sein sollen, gewannen 1:0. Torschütze Joseph Gaetjens war Student und besserte sein Gehalt als Tellerwäscher auf. Er hatte, wie zwei weitere Mitspieler, keinen US-amerikanischen Pass. Die

FIFA schmetterte den Protest der Engländer wegen der Spielberechtigung der drei mit der Begründung zurück, dass diese immerhin den Pass beantragt und sie vom US-Verband eine Spielgenehmigung erhalten hätten.

Zur Qualifikation für die WM 1954 trat Gaetjens für sein Geburts- und Heimatland Haiti an. Er wurde nie US-Amerikaner. 1964 soll Gaetjens vom haitianischen Diktator François Duvalier persönlich erschossen worden sein.

Der englische Fußballverband (FA) trat 1928 wegen eines Streits über Prämienzahlungen an Amateure aus der FIFA aus; England verpasste so die ersten drei Weltmeisterschaften. Erst 1946 trat die FA wieder dem Weltverband bei. Das englische WM-Auftaktspiel gegen Chile 1950 war das erste Länderspiel Englands gegen eine Mannschaft, die nicht aus Europa kam.

Mindestens sechs »Helden von Bern«, unter ihnen auch Fritz Walter, erkrankten nach der WM 1954 an Gelbsucht und mussten im Krankenhaus behandelt werden. Die Krankheit wurde durch Hepatitisviren übertragen, die sich die Nationalspieler wahrscheinlich durch verunreinigte Spritzen einfingen. Den Spielern war während der WM laut offizieller Schätzung mindestens einmal ein Vitamin-C-Präparat gespritzt worden. Manche Historiker vermuten, den Spielern sei dagegen das mangels Dopingliste damals nicht verbotene Aufputschmittel Pervitin injiziert worden.

Richard Franz Herrmann, der bei der WM 1954 ein Spiel bestritt und ein Tor schoss, verstarb 1962 im Alter von nur 39 Jahren an den Folgen einer Leberzirrhose – einer Spätfolge der Hepatitisinfektion. Auch die 1993 respektive 1995 verstorbenen Karl Mai und Werner Liebrich könnten an den Spätfolgen der Hepatitis gestorben sein.

Ungarn ist die einzige Mannschaft, die in einem WM-Spiel zweistellig traf. 1982 gewannen die Ungarn in der Vorrunde 10:1 gegen El Salvador.

Leopold Kielholz erzielte das erste WM-Tor für die Schweiz und gleichzeitig auch das erste WM-Tor eines Brillenträgers. Kielholz trug bei seinem Tor zum 1:0 in der 7. Minute des Spiels gegen die Niederlande bei der WM 1934 eine Brille mit Sicherheitsglas.

Helmut Rahn flog 1957 aus der Nationalmannschaft, nachdem er im Suff sein Auto in eine Baugrube fuhr, danach einen Polizisten verprügelte und anschließend zwei Wochen im Gefängnis saß. Zur WM 1958 in Schweden begnadigte Bundestrainer Sepp Herberger den Siegtorschützen von Bern wieder.

Weil Fritz Walter und Helmut Rahn 1958 zehn Minuten zu spät zum Treffpunkt der Nationalmannschaft zur Abfahrt nach

Schweden am Hamburger Hauptbahnhof erschienen, mussten die Weltmeister und Elder Statesmen der Mannschaft ihre Koffer zur Strafe selbst schleppen.

Der deutsche WM-Tross reiste 1970 mit 15 000 Litern Mineralwasser nach Mexiko.

Ausputzer Willi Schulz verpasste das Spiel um Platz 3 bei der WM 1970, weil er seine Fußballschuhe im Hotel vergessen hatte. Womöglich hatte er sie absichtlich dort gelassen, ganz geklärt wurde dies nie. Schulz, der zuvor schon gesagt hatte, keine große Lust auf dieses kleine Finale gegen Uruguay zu haben, absolvierte danach kein Spiel mehr für die DFB-Elf.

Der Niederländer Piet Keizer verweigerte während der WM 1974 im Spiel gegen Schweden eine Einwechslung. Die Begründung des Stürmers: »Ich war noch nie Wechselspieler und weiß nicht, wie ich mich da verhalten soll.«

Das torreichste Spiel der WM-Geschichte boten Österreich und die Schweiz. 1954 schlug Österreich im Viertelfinale die Gastgeber 7:5. In der 19. Minute hatte Österreich bereits nach drei Toren in drei Minuten 0:3 zurückgelegen. Acht Minuten später glich Österreich aus, mit 5:4 ging es in die Pause. Der Schweizer Josef Hügi und der Österreicher Turl Wagner trafen je dreimal.

Bei der WM 2006 schied die Schweiz im Achtelfinale aus, ohne auch nur ein Tor in der regulären Spielzeit kassiert zu haben. Im Achtelfinale gegen die Ukraine gelang den Eidgenossen jedoch die wenig schmeichelhafte WM-Premiere, keinen einzigen ihrer Elfmeter im Tor untergebracht zu haben.

---

17 Jahre und 41 Tage alt war Norman Whiteside bei seinem WM-Debüt 1982 in Spanien. Damit ist der Nordire der jüngste WM-Spieler der Geschichte.

Während der WM 1990 kommunizierte Co-Trainer Berti Vogts von der Tribüne aus per Walkie-Talkie mit der deutschen Bank um Teamchef Franz Beckenbauer.

Gerd Müller trat der Legende nach unmittelbar nach dem WM-Triumph 1974 zurück, weil die Spielerfrauen vom DFB nicht zum Siegerbankett eingeladen worden waren. Müller selbst verneinte diese Version jedoch und sprach davon, er habe bereits Monate vor WM-Beginn seinen Rücktritt beschlossen, weil er mehr Zeit mit seiner Frau und Tochter verbringen wollte. »Ich wollte einfach nicht mehr. Mit Bayern habe ich jedes Jahr mehr als hundert Spiele gemacht. Ich war nie daheim. Wenn ich heimkam, fragte meine kleine Tochter: ›Ist der Onkel heute wieder da?‹«, sagte Müller später in einem Interview. Dass die Frauen der Weltmeister aber nicht am Bankett teilnehmen durften, ist Fakt.

Um zu verhindern, dass Müller 1973 zum FC Barcelona wechselte, drohte der DFB ihm mit einer Sperre für die WM 1974. Müller blieb beim FC Bayern München und in der Bundesliga. In einem offenen Brief schrieb Müller aber damals: »Ich respektiere die Entscheidung des DFB. Meine persönliche Meinung dazu ist, dass ich entsprechend des deutschen Grundgesetzes [sic!] den Standpunkt vertrete, dass jeder Mensch in der Bundesrepublik das Recht der freien Berufswahl hat.«

Eigentlich hat Müller 69 Tore in 62 Spielen für die Nationalmannschaft erzielt. Im WM-Finale gegen die Niederlande 1974 erkannte der englische Schiedsrichter Jack Taylor in der 59. Minute ein reguläres Tor Müllers wegen Abseits nicht an. Nach Ansicht der TV-Bilder erkannte Taylor später seinen Fehler.

Seinen legendären Torinstinkt erklärte Müller so: »Wennst denkst, ist's eh zu spät.«

Vor der WM 1974 nahm Gerd Müller eine Schallplatte mit dem prophetischen Titel »Das gibt ein Schützenfest« auf. Ganz so erfolgreich wie sein Klassiker »Dann macht es Bumm« von 1969 wurde die Langspielplatte nicht.

Müller überredete nach dem 0:1 gegen die DDR während der WM 1974 den zaudernden Kapitän Franz Beckenbauer, Bundestrainer Helmut Schön in die Mannschaftsaufstellung hineinzureden und sorgte so indirekt dafür, dass Uli Hoeneß für das Spiel gegen Jugoslawien aus der Mannschaft flog. »So werden wir nie Weltmeister! Du siehst doch, dass einige nicht mitziehen. Der Hoeneß rennt nur nach vorn und tut nix für die Abwehr. Der Bonhof rennt sich im Training seit Tagen die Lunge aus dem Leib, darf aber nicht spielen, dafür dieser Cullmann. Sag's dem Langen.« So erzählte es Beckenbauer später der *Bild*. Tatsächlich saßen Uli Hoeneß und Bernhard Cullmann beim nächsten Spiel zunächst nur auf der Bank, stattdessen spielten Rainer Bonhof und Herbert Wimmer. Deutschland gewann 2:0.

Gerd Müller verzichtete während der WM 1970 darauf, seine Frau Uschi nach Mexiko einfliegen zu lassen. Die äußerst naheliegende Begründung des »Bombers«: »Bleib zu Hause und fahr unseren Porsche ein.« Eine Illustrierte hatte den Müllers im Gegenzug für eine Homestory den Freiflug Uschis nach Mexiko und 15 000 DM angeboten.

Pelé war bei seinem ersten WM-Tor 1958 in Schweden im Spiel Brasilien gegen Wales 17 Jahre und 239 Tage alt. Damit ist er der jüngste WM-Torschütze der Geschichte. Mit 17 Jahren und 249 Tagen ist Pelé auch der jüngste Weltmeister.

Mit 40 Jahren und 133 Tagen ist Italiens Weltmeistertorwart Dino Zoff von 1982 der bisher älteste Weltmeister.

Miroslav Klose ließ Ronaldo in der ewigen WM-Torschützenliste mit einem Tor gegen Brasilien hinter sich. Kloses 16. WM-Treffer war das 2:0 beim legendären 7:1 im Halbfinale 2014.

Just Fontaine gelangen alle seine 13 WM-Tore während der WM 1958. Fontaine war erst im letzten Moment auf den WM-Zug gesprungen, als sich René Bliard, sein Sturmkollege bei Stade Reims, verletzte und für das Turnier absagen musste. Bliard absolvierte nie mehr ein Länderspiel.

Manuel Neuers zweiter Vorname lautet Peter.

In der Top 5 der Spieler mit den meisten WM-Einsätzen befinden sich drei Deutsche: Lothar Matthäus mit 25 Spielen auf Platz 1, Miroslav Klose mit 24 auf Platz 2 und Uwe Seeler (21) gemeinsam mit Diego Armando Maradona und dem Polen Władysław Żmuda auf dem geteilten Rang 4.

Cafu stand als einziger Spieler bei drei WM-Finals hintereinander auf dem Platz. 1994 und 2002 gewann er das Turnier.

Bei der WM 1954 fielen im Schnitt 5,38 Tore pro Spiel.

Bei der WM 1990 in Italien fielen im Schnitt nur 2,21 Tore pro Spiel.

Olaf Thon bat Teamchef Franz Beckenbauer während der WM 1986, wieder heimreisen zu dürfen. Der 19-jährige Reservist glaubte nicht, »hier noch was lernen zu können«.

Vor Beginn der WM 1986 bezeichnete Teamchef Franz Beckenbauer seinen WM-Kader als »letzten Schrott«. Dass es der zerstrittene Haufen ins WM-Finale schaffte, gehört zu den größeren Paradoxien der WM-Geschichte.

Dieter Hoeneß sagte während der WM 1986 zu Teamchef Franz Beckenbauer: »Du darfst alles zu mir sagen, aber nicht Idiot. Ich weiß, was ich im Kopf habe und ich weiß, was du im Kopf hast, und deshalb sagst du nicht Idiot zu mir.« Beckenbauer hatte Hoeneß, Klaus Augenthaler und Ditmar Jakobs eine Geldstrafe von 5000 Mark aufgebrummt, weil sie den Zapfenstreich um zwei Stunden überzogen hatten. Zudem hatte er das Trio franzelnd als »Idioten« bezeichnet. Die Spieler waren bei einer mexikanischen Familie zum Essen gewesen.

José Luis Chilavert möchte 2023 für das Amt des Staatspräsidenten von Paraguay kandidieren. Der einstmals ebenso torgefährliche (67 Karrieretreffer, viele durch Freistöße) wie rabaukenhafte (in Argentinien wurde er einmal zu drei Monaten Haft auf Bewährung verurteilt, weil er einen Platzwart verprügelte) Torwart nennt den früheren spanischen rechtskonservativen Ministerpräsidenten José Maria Aznar als Vorbild.

Während der WM 1998 traf Chilavert im Spiel gegen Bulgarien bei einem Freistoß aus rund 20 Metern die Latte. Es wäre das erste WM-Tor eines Torwarts gewesen.

Chilavert verpasste das erste Gruppenspiel Paraguays bei der WM 2002, weil er gesperrt war. Als ihm Brasiliens Roberto Carlos nach einem WM-Qualifikationsspiel die Hand schütteln wollte, spuckte Chilavert ihn an.

Bei einem Qualifikationsspiel zur WM 1998 gegen Kolumbien lieferte sich Chilavert eine Schlägerei mit Kolumbiens Starstürmer Faustino Asprilla, die sogar einen Polizeieinsatz auf dem Feld zur Folge hatte. Beide Spieler flogen mit Rot vom Platz. Laut eigener Darstellung wurde Asprilla anschließend von einem kolumbianischen Profikiller angerufen, der – das Einverständnis vorausgesetzt – Chilavert aus Rache töten wollte. »Ich habe ihm gesagt: ›Bist du verrückt?‹«, erzählte Asprilla Jahre später *TelePacifico*. »Ich habe gesagt: ›Du wirst den kolumbianischen Fußball zerstören. Du kannst das nicht tun. Was auf dem Platz passiert, bleibt auch auf dem Platz.‹«

Roy Keane verpasste die WM 2002, weil er während der Vorbereitung seinen Trainer Mick McCarthy unter anderem als »Lügner« und »verfickten Wichser« beschimpfte und ihm zurief, dieser könne sich die WM in den Allerwertesten stecken. Manchester-United-Legende Keane war bis zu dem Zeitpunkt Kapitän der irischen Nationalmannschaft gewesen. Von 2013 bis 2018 war Keane Assistenztrainer der irischen Nationalmannschaft; für eine WM konnte sich das Team in dieser Zeit nicht qualifizieren.

Der Mannschaftsbetreuer der USA betäubte sich 1930 während des Spiels gegen Argentinien beim Versuch, dem Schiedsrichter seinen Medikamentenkoffer auf den Kopf zu schlagen, versehentlich selbst. Ein Fläschchen Chloroform fiel zu Boden, zerbrach und ließ den Betreuer k. o. gehen.

Giorgio Chinaglia, recht glückloser Stürmer Italiens während der WM 1974 und später an der Seite von Pelé und Franz Beckenbauer Superstar bei Cosmos New York, versuchte 2006, Lazio Rom zu kaufen – angeblich als Strohmann der Camorra. Außerdem soll er versucht haben, Lazio-Boss Claudio Lotito zu erpressen. Als die italienische Justiz 2008 einen Haftbefehl erließ, floh Chinaglia in die USA, wo er 2012 starb.

Diana Ross verschoss während der Eröffnungsfeier zur WM 1994 in Chicago einen Elfmeter und verdarb so beinahe die Show. Die Sängerin sollten den Ball einfach ins Tor schießen, der Torwart danebenspringen. Sobald der Ball das Netz berührte, sollte das Tor auseinanderfliegen. Da der Ball aber neben das Tor flog, berührte der Torwart bei seiner Parade den Pfosten. Das Tor flog auseinander, die Show ging weiter.

Die brasilianische Nationalmannschaft widmete ihren Sieg bei der WM 1994 der nur wenige Wochen vorher bei einem Rennunfall im italienischen Imola verstorbenen Formel-1-Legende Ayrton Senna.

Die WM 1994 im Fußballentwicklungsland USA war die zuschauerreichste Weltmeisterschaft der Geschichte, obwohl später die Zahl der WM-Spiele von 52 auf 64 stieg. Im Schnitt waren 68 991 Zuschauer in den Stadien, insgesamt sahen sich 3 587 538 Menschen die WM-Spiele live an.

Das 1:1 zwischen den USA und der Schweiz während der WM 1994 im Pontiac Silverdome war das erste WM-Spiel, das nicht unter freiem Himmel ausgetragen wurde; der Pontiac Silverdome hatte ein geschlossenes Tragluftdach. Für die WM wurde im Silverdome zum ersten und einzigen Mal Naturrasen verlegt; die Footballer der Detroit Lions, die dort normalerweise zu Hause waren, spielten auf Kunstrasen.

Der Hund Striker, das Maskottchen der WM 1994 in den USA, wurde von Warner Bros. Animation Studio entworfen.

Das Maskottchen der WM 1998 in Frankreich war ein Hahn namens Footix. Wer da an Asterix und Obelix denken muss, liegt sicher nicht falsch.

Hernán Gaviria, WM-Teilnehmer 1994 mit Kolumbien, verstarb 2002, als er im Training mit seinem Verein Deportivo Cali während eines Gewitters von einem Blitz getroffen wurde.

Freddy Rincón, WM-Teilnehmer mit Kolumbien 1990, 1994 und 1998 und unter anderem beim SSC Neapel und bei Real Madrid aktiv, verstarb im April 2022 an den Folgen eines Verkehrsunfalls. Rincóns Auto kollidierte mit einem Bus. Bei der WM 1990 war Rincón berühmt geworden, als er Deutschlands Keeper Bodo Illgner nur eine Minute nach Pierre Littbarskis Führungstreffer für Deutschland den Ball zum 1:1-Endstand durch die Beine schoss. Kolumbien erreichte dank Rincóns Treffer das Achtelfinale.

Ein Trikot, das Pelé im WM-Finale 1970 gegen Italien getragen haben soll, wurde 2002 beim Londoner Auktionshaus Christie's für 251 000 Euro an einen anonymen Käufer versteigert. Angeboten hatte das Trikot Roberto Rosato, 1970 Pelés chancenloser Gegenspieler und nach dem Spiel Trikottauscher mit Pelé. Brasiliens damaliger Nationaltrainer Mario Zagallo zweifelte Rosatos Version jedoch an. Er behauptete, er sei im Besitz des Leibchens, das Pelé während der ersten Halbzeit getragen hatte; der Konditionstrainer Admilo Chirol habe Pelés Trikot aus der zweiten Halbzeit.

Edmundo, 1998 Vizeweltmeister mit Brasilien, engagierte 1999 zum Geburtstag seines Sohnes einen mit einem roten Adidas-Trainingsdress angezogenen Schimpansen namens Pedrinho und füllte diesen mit Whisky und Bier ab. Kurzzeitig ins Gefängnis kam Edmundo aber erst, als er im Suff einen Autounfall verursachte, der drei Personen das Leben kostete.

Edmundos Spitzname war »O Animal«, das Tier. Am Ende seiner Profikarriere hatte er in 18 Jahren 16 Stationen gesammelt. Als er beim AC Florenz in der Serie A unter Vertrag stand, hatte er mit dem Klubpatron Vittorio Cecchi Gori eine Karnevalsklausel ausgehandelt – den Karneval durfte das Feierbiest in Rio de Janeiro verbringen. Doch er blieb nicht nur ein paar Tage und auch nicht die vollen 14 Karnevalstage in Rio, sondern ganze 16 Tage. Im selben Jahr, 1998, wurde er bei der WM Vizeweltmeister.

Kurz nach der WM zerstritt er sich mit Sturmpartner Romario, bis dahin einer seiner besten Freunde – wegen einer Karikatur auf einer Klotür. Romario hatte in Rio de Janeiro eine Strandbar eröffnet und als Gag die Toilettentüren mit Karikaturen von Helden des brasilianischen Fußballs versehen. Zico hielt zum Beispiel eine Rolle Klopapier in der Hand, Trainerlegende Mario Zagallo saß mit heruntergelassener Hose auf dem Klosett. Auf einer anderen Tür war Edmundo abgebildet – auf einem Fußball mit wenig Luft sitzend und einer Schönheit im Arm. Diese identifizierte Edmundo als eine seiner Verflossenen. Blöd nur, dass es genau die eine Verflossene war, die ihm das Herz gebrochen hatte. »Ich habe Romario angerufen und nach einer Erklärung verlangt. Er konnte mich nicht überzeugen«, gab Edmundo öffentlich zu Protokoll und kündigte seinem Kumpel die Freundschaft. Als die beiden später bei Vasco da Gama zusammenspielten, weigerten sie sich zwischenzeitlich, sich die Bälle zuzuspielen.

Romario musste Brasiliens Nationaltrainer Mario Zagallo wegen der Karikatur an der Toilettentür seiner Strandbar 445 000 Euro Schadensersatz zahlen. Die Karikatur soll Romario aus Enttäuschung über seine Nichtberücksichtigung für die WM 1998 in Frankreich anfertigen haben lassen. Zagallos Assistent Zico hatte dem Coach in der Karikatur das Klopapier gereicht. Auch der ehemalige Weltklassemittelfeldspieler bekam eine Entschädigung.

VIERTELFINALE

Uli Hoeneß bekam am Vorabend des WM-Finals 1974 Fieber und ließ sich von Bayern Münchens Vereinsarzt heimlich Medikamente geben. »Ich konnte das doch keinem sagen. Wenn Bundestrainer Schön erfahren hätte, dass ich Stunden vor dem WM-Finale einen Infekt mit 39 Grad Fieber auskurieren wollte, hätte er die Aufstellung geändert. Ich war so geschwächt, dass ich kaum auf den Beinen stehen konnte«, gestand er Jahrzehnte später in der *Süddeutschen Zeitung*. Während des Finals foulte er bereits in der ersten Minute Johan Cruyff, was zum Elfmeter für die Niederlande führte. »Der Elfmeter war unberechtigt. Genauso wie der für uns«, sagte Hoeneß.

Jens Jeremies, Wadenbeißer vom Dienst und Abräumer im deutschen Mittelfeld bei den Weltmeisterschaften 1998 und 2002, wurde bei seinem Verein FC Bayern München auch »Kartoffel« genannt. Bis Sepp Maier das einmal lange nach Jeremies' Karriereende im *Spiegel* enthüllte, war dies der Öffentlichkeit jedoch verborgen geblieben.

2012 spielten die Toten Hosen in Jeremies' Keller im Familienhaus in Ottobrunn. Die Punker gaben damals zum 30-jährigen Bandjubiläum 20 Kellerkonzerte bei Privatpersonen. Jeremies hatte sich nach Aussage der Band ganz normal beworben und die Bewerbung damit begründet, dass er der Band trotz des Songs »Bayern« stets die Treue gehalten habe.

Franz Beckenbauers Lieblingszahl ist die Sechs. Während der WM 1990 waren alle seine Koffer und Kleider mit der Nummer 66 beschriftet. Doppelt hält besser.

Das WM-Finale 1990 war Beckenbauers 66. und letztes Länderspiel als Teamchef.

Während der WM 2002 ging die Nachfrage nach Viagra im Vereinigten Königreich um mehr als die Hälfte zurück. Statt 27 000 Rezepten stellten britische Ärzte nur 13 000 Rezepte für die Potenzpille aus.

Das 2,30 Meter große, hosenlose Maskottchen der WM 2006, Goleo VI, hatte Schuhgröße 58. Sein Partner namens Pille trug keine Schuhe, konnte aber immerhin sprechen.

Goleo VI und Pille waren die ersten Maskottchen der WM-Geschichte, die sprechen konnten.

Beim Torwandschießen im ZDF gegen Pelé und Franz Beckenbauer gewann Goleo VI.

Auch das allererste WM-Maskottchen war wie Goleo VI ein Löwe gewesen. World Cup Willie trug 1966 aber zum Union-Jack-Trikot eine weiße Hose. Schöpfer Reg Hoye hatte sich beim Entwurf an seinem Sohn Leo orientiert, lateinisch für Löwe.

In Jamaika ist eine Apfelsorte nach Theodore Whitmore, dem Schützen der einzigen zwei WM-Tore der Nation benannt. Whitmore traf bei der WM 1998 beim 2:1-Vorrundensieg gegen Japan. Von 2009 bis 2013 und von 2016 bis 2021 war der einstige Mittelfeldspieler Trainer der jamaikanischen Nationalmannschaft. Zu einer WM führte er die »Reggae Boyz« dabei aber nicht.

Der in Frankfurt geborene und für die USA spielende Jermaine Jones trug bei der WM 2014 die Rückennummer 13 – wie der US-Rekordnationalspieler Cobi Jones bei den Weltmeisterschaften 1994, 1998 und 2002. Obwohl Jermaine Jones während der WM sogar eine ähnliche Frisur trug wie die US-Legende in jungen Jahren: Die beiden sind nicht verwandt. Als Jermaine Jones 2017 zu LA Galaxy wechselte, war er der erste Spieler seit Cobi Jones' Karriereende 2007, der die Rückennummer 13 bei Galaxy tragen durfte.

Der kuwaitische Scheich Fahid Al-Ahmad Al-Sabah, damals der Chef des kuwaitischen Fußballverbands, stürmte 1982 während des Spiels zwischen Kuwait und Frankreich nach einem Tor Frankreichs aufs Spielfeld, um gegen den Treffer zum 4:1 protestieren. Zuvor hatte es einen Pfiff von den Tribünen gegeben, den die Kuwaiter für einen Schiedsrichterpfiff hielten und deshalb das Spielen einstellten. Seine Drohung mit Spielabbruch war erfolgreich: Das reguläre Tor wurde annulliert. Frankreich traf noch einmal, Kuwait verlor die Partie trotzdem 1:4. Am folgenden Tag wurde der sowjetische Schiedsrichter Miroslav Stupar wegen seiner krassen Fehlentscheidung suspendiert. Der kuwaitische Fußballverband musste außerdem eine Strafe von 11 000 Dollar zahlen. Scheich Fahid Al-Ahmad Al-Sabah kam bei der irakischen Invasion in Kuwait 1990 ums Leben.

Hans-Peter Briegel, ewig walzender Verteidiger aus der Pfalz bei der WM 1986, war als Jugendlicher deutscher Jugendmeister im Weit- und Dreisprung. Bekannt wurde Briegel aber eher dadurch, dass er immer ohne Schienbeinschoner spielte.

Michael Frontzeck hatte vor 1986 zwar einen Platz im damaligen Panini-WM-Album, durfte aber letztlich nicht mit zur WM.

Alexi Lalas, dank seiner Leistungen bei der WM 1994 der erste US-amerikanische Profi in der Serie A, spielte während seiner Schulzeit auch auf hohem Niveau Eishockey.

Während der WM 1998 unterschrieb der rotbärtige Alexi Lalas seinen ersten Plattenvertrag für den US-Markt beim großen Indie-Label CMC International. 1994 und 1996 hatte der begeisterte Gitarrist bereits Alben mit verschiedenen Bands veröffentlicht.

Slaven Bilić, beinharter Verteidiger in Kroatiens WM-Kader 1998, ist studierter Jurist. Als Gitarrist der Rockband Rawbau präsentierte er 2008 auch einen offiziellen Fansong zur damaligen EM. Bilić war damals gleichzeitig Nationaltrainer Kroatiens.

Josip Šimunić sah bei der WM 2006 im Spiel Kroatien gegen Australien drei Gelbe Karten. Schiedsrichter Graham Poll hatte vergessen, Šimunić nach dessen zweiter Gelben Karte in der 90. Minute vom Platz zu stellen. Šimunić blieb auf dem Feld, foulte drei Minuten später einen Gegenspieler brutal und musste dann doch vom Platz.

Paolo Rossi, Torschützenkönig der WM 1982 in Spanien und italienischer Weltmeistermacher, erhielt von den Ausrichtern ein Gemälde von Salvador Dalí geschenkt.

Das Maskottchen der WM 2018 in Russland war ein Wolf namens Zabivaka. Es trug zum Trikot ordnungsgemäß eine Hose. Und noch eine rote Brille.

Sieben Stunden vor dem WM-Finale 1998 kollabierte Brasiliens Jungstar Ronaldo und hatte Schaum vor dem Mund. Sein Zimmergenosse Roberto Carlos lief schreiend »Ronaldo stirbt« durchs Teamhotel. Der 21-Jährige wurde ins Krankenhaus gebracht, entließ sich aber wenig später selbst auf eigene Verantwortung. Ronaldo stand zu Spielbeginn in der Startaufstellung, wirkte aber während des Spiels wie ein Schatten seiner selbst.

Im Jahr 2001 erwirkte der Abgeordnete Aldo Rebelo einen parlamentarischen Untersuchungsausschuss in Brasilien, um die Hintergründe von Ronaldos mysteriösem Unwohlsein aufzudecken. In den Vorjahren waren etliche Verschwörungstheorien um den Vorfall aufgekommen. So soll Brasilien demnach etwa das Finale für 23 Millionen Dollar an den Gastgeber verkauft, Frankreichs Team Ronaldo Drogen untergejubelt haben oder der Versuch, den Stürmerstar zu dopen, gründlich schiefgelaufen sein.

Die Frage, wieso Ronaldo letztlich, obwohl sichtlich unfit, doch spielte, wurde unter anderem so beantwortet: Ausrüster Nike soll den Star zum Spielen gedrängt haben. Ronaldo selbst meinte als Zeuge des Ausschusses: »Ich hoffe, dass meine Wahrheit Sie zufriedenstellt, denn es gibt viele, viele Wahrheiten. Es liegt nun an Ihnen, darüber zu entscheiden, welche Wahrheit die wahre Wahrheit ist, und sie hinterher zu analysieren.« Er habe einfach nicht gut gespielt. Der Untersuchungsausschuss endete ohne Ergebnis.

Emmanuel Petit, der 1998 das 3:0 für Frankreich im Finale gegen Brasilien erzielte, kann sich bis heute nicht uneingeschränkt über den WM-Titel freuen. Das Mysterium um Ronaldo treibt den früheren Mittelstürmer um. 2016 offenbarte er in einer Dokumentation von *Arte* und dem *Bayerischen Rundfunk* seine Sorgen: »In den letzten Wochen habe ich mich gefragt: ›Haben wir wirklich die WM gewonnen? War sie manipuliert?‹«, sagte er und ergänzte: »Ich frage mich, ob ich paranoid werde. Waren wir nicht schon immer nur Marionetten, die die Wirtschaft am Laufen halten und sich um nichts anderes Gedanken machen sollten? Wir Spieler haben auf jeden Fall alles für den WM-Titel getan. Darüber hinaus weiß ich nicht, ob es noch andere Sachen gab – aber ich stelle mir diese Frage.«

Petit, der nach seiner Karriere als Experte im TV arbeitete, ist in Frankreich bekannt für seine steilen Thesen. 2014 etwa meinte er, Frankreich wäre besser dran gewesen, hätten die Nazis den Krieg gewonnen und sein Land stünde noch immer unter deutscher Herrschaft. Später entschuldigte er sich »beim jüdischen Volk und all den Menschen, die selber im Krieg kämpften« und versuchte zu erklären, wie er das gemeint hatte: Die Deutschen seien derzeit seiner Ansicht nach in allem besser als seine Landsleute. Insgesamt habe er »nie solche arroganten, selbstgefälligen, verlogenen und überkritischen Menschen erlebt« wie die Franzosen.

2019 veröffentlichte Petit zusammen mit dem aus Marseille stammenden Schriftsteller Gilles Del Pappas den Roman *Dernier Tacle* (»Die letzte Grätsche«). Es geht darin um eine junge Polizistin, die den Mord an den Trainer von Olympique Marseille aufklären muss und dabei einer größeren Betrugsaffäre bei der FIFA auf die Spur kommt.

David Beckham musste sich während des WM-Achtelfinals 2006 seiner Engländer übergeben. Zuvor hatte er mit einem Freistoß den 1:0-Siegtreffer gegen Ecuador erzielt. »Ich habe mich schon vor der Begegnung nicht wohlgefühlt, aber gedacht, dass es nichts Schlimmes ist. In der ersten Halbzeit lief alles gut, aber in der zweiten Halbzeit wurde mir richtig übel, und es kam alles raus«, sagte Beckham. Die englischen Zeitungen kommentierten gewohnt empathisch. »Here we throw« (Hier kotzen wir!), titelte der *Daily Mirror*; und dem Blatt *The Sun* fiel ein mitleidiges »Das war übel« ein. Immerhin würdigte der *Daily Telegraph* Englands Kapitän, der trotz Übelkeit bis zur 87. Minute durchgehalten hatte, als »Beckham, der Tapfere«.

In einem Nike-Werbespot zur WM 2010 spielt Wayne Rooney eine verfettete und bärtige Version von sich selbst, die nach einem fatalen Fehlpass in einer Wohnwagensiedlung wohnt.

Tofik Bachramow, der Linienrichter, der im WM-Finale 1966 das Wembley-Tor hinter der Linie gesehen haben will, soll einem malaysischen FIFA-Funktionär zwei Dosen Kaviar geschenkt haben, um beim Finale dabei sein zu dürfen. Bachramow war ursprünglich nicht vorgesehen für das Spiel.

Auf seinem Sterbebett soll Bachramow auf die Frage, wieso er sich beim Wembley-Tor so sicher gewesen sei, schlicht mit »Stalingrad« geantwortet haben. Heute ist das Nationalstadion von Aserbaidschan nach Bachramow benannt. Auf dem Vorplatz steht außerdem eine Statue des früheren Schiedsrichters. Zur Enthüllung kam auch Geoff Hurst, der Wembley-Torschütze.

Nationaltrainer Berti Vogts ließ bei der WM 1994 im deutschen Mannschaftshotel in den Zimmern der Spieler den Kanal mit den Pornofilmen sperren. Er vergaß jedoch, dass im Massageraum auch ein Fernseher stand.

Nationalmannschaftsmanager Oliver Bierhoff ließ während der WM 2018 im WM-Quartier in Watutinki laut *Bild* für mindestens eine Nacht das Internet sperren. Einige Spieler sollen zuvor bis in die frühen Morgenstunden an der Playstation FIFA 18 und *Fortnite* gezockt haben.

Bundestrainer Joachim Löw wäre es lieber gewesen, das deutsche WM-Quartier in Russland wäre in Sotschi am Schwarzen Meer gewesen statt im Städtchen Watutinki, irgendwo an der Peripherie Moskaus. Dem Quartier bescheinigte Löw »den Charme einer guten, schönen Sportschule«.

Bierhoff hatte Watutinki aus »logistischen Gründen« ausgesucht. In Sotschi gewann Deutschland gegen Schweden prompt das einzige Spiel bei der WM. Löw hatte am Tag vor dem Spiel bei einem Spaziergang ein paar Erinnerungsfotos geschossen – unter anderem an einer Straßenlaterne gelehnt.

Sophia Loren war Schirmherrin der WM 1990 in Italien.

Horst Köhler, seiner Zeit Bundespräsident, war Schirmherr der WM 2006 in Deutschland.

Wladimir Putin, Präsident der Russischen Föderation, war Schirmherr der WM 2018 in Russland.

Nello di Martino, der Betreuer der italienischen Nationalmannschaft während der WM 2006, lebt seit 1971 in Deutschland. Im Hauptberuf war er lange Jahre Teammanager von Hertha BSC.

Francesco Totti und Gennaro Gattuso spielten in der Nacht vor dem WM-Finale 2006 bis sechs Uhr morgens Karten. Beide hatten nicht schlafen können.

Italiens Stürmer Filippo Inzaghi vertrieb sich die Zeit während der WM 2006 mit Angeln am Hotelteich des WM-Quartiers der »Azzurri« in Duisburg.

Das Maskottchen der WM 1970 in Mexiko war ein Junge mit einem Sombrero und etwas zu kleinem grünen Trikot namens Juanito.

Die Mexikaner haben es irgendwie mit bauchfreien Trikots: Piqué, das Maskottchen der WM 1986, war zwar eine Jalapeño mit Schnauzbart und Sombrero. Aber das hinderte die Macher nicht daran, dem armen Ding noch ein zu kurzes Trikot auf den schmalen Leib zu schneidern.

Tip und Tap, die Maskottchen der WM 1974, trugen bauchfrei – ihre weißen Trikots waren wie schon das grüne von Juanito vier Jahre zuvor zu kurz geraten.

Gauchito, das Maskottchen der WM 1978 in Argentinien, trug das weiß-blaue Trikot dagegen ordentlich und in der Hose.

Ezequiel Lavezzi, argentinischer Vizeweltmeister von 2014, wird auch »Pocho« genannt. Wieso? Lavezzi: »Als kleines Kind hatte ich einen sehr aktiven Hund namens ›Pocholo‹. Weil ich selbst allen ständig auf die Nerven ging, haben mich meine Brüder und Freunde irgendwann auch so gerufen. Später haben meine Mannschaftskameraden aus ›Pocholo‹ die Kurzform ›Pocho‹ gemacht.«

Lavezzi bespritzte bei der WM 2014 während des Gruppenspiels gegen Nigeria seinen Trainer Alejandro Sabella aus seiner Wasserflasche – während Sabella gerade taktische Anweisungen gab. »Lavezzi ist nun mal ein spezieller Typ«, befand der begossene Coach gnädig.

Lavezzi, der wie Lionel Messi aus der Stadt Rosario stammt, hatte seine Karriere eigentlich mit 18 bereits beendet und als Elektriker gearbeitet. Zuvor war er beim örtlichen Klub Rosario Central rausgeflogen, ein Wechsel nach Italien war an fehlenden Papieren gescheitert. Sein Bruder überredete ihn aber, dem Fußball noch eine letzte Chance zu geben.

Lavezzi hat auf seiner Hüfte das Konterfei von Diego Armando Maradona tätowiert. Ein weiteres Tattoo zeigt das Vereinswappen von Rosario Central.

Auf Facebook gab es eine Gruppe mit dem Namen »Bewegung dafür, dass Pocho Lavezzi ohne Trikot spielt«. Zwischenzeitlich hatte diese Gruppe mehr als 400 000 Mitglieder.

Marcello Lippi trat nach Italiens WM-Sieg 2006 als Nationaltrainer zurück. Nach dem Viertelfinalaus Italiens bei der EM 2008 übernahm er das Amt wieder – und schied mit den »Azzurri« bei der WM 2010 in der Vorrunde aus. Von 2016 bis 2019 trainierte er noch einmal eine Nationalmannschaft: die chinesische.

Italien kassierte bei der WM 2006 kein Gegentor aus dem Spiel heraus.

Rüstü Reçber, Türkeis WM-Torwart von 2002, trug vor den Spielen immer Kriegsbemalung auf, er schminkte sich die Partien unter den Augen schwarz. Der Grund: Reçbers Augen waren wegen einer Rasenallergie während des Fußballspielens sehr lichtempfindlich. Die schwarze Bemalung half.

Reçber wurde erst mit 16 Jahren Torwart; der eigentliche Schlussmann seines Heimatvereins Demrespor war zum Wehrdienst eingezogen worden.

Vor der WM 1994 nahm die deutsche Nationalmannschaft zusammen mit den Village People das Lied »Far away in America« auf. Der Öffentlichkeit präsentiert wurde der Gassenhauer im Mai 1994 während einer *Wetten, dass..?*-Sendung.

Brasilien spielte bis zur WM 1950 im eigenen Land noch in weißen Trikots. Nach dem bis heute traumatischen *Maracanaço*, dem 1:2 im entscheidenden Spiel gegen Uruguay, das somit Weltmeister wurde, verbannten die Brasilianer die weißen Hemden und wechselten zu Blau-Gelb.

Erst 2019 spielte die »Seleção« wieder in weißen Trikots: Für die Copa America 2019 im eigenen Land präsentierte Ausrüster Nike ein weißes Ausweichtrikot. Das Finale gegen Peru gewann Brasilien aber in Gelb.

Bei der WM 1950 wurde zum einzigen Mal in der Geschichte kein Finale ausgespielt. Stattdessen spielten nach der Vorrunde die vier Gruppensieger eine Finalrunde aus. Wer nach drei Spieltagen vorne lag, war Weltmeister. Wäre die Partie gegen Uruguay remis geendet, wäre Brasilien Weltmeister gewesen. Womit jeder gerechnet hatte. Schon während des Mittagessens am Spieltag gratulierten brasilianische Politiker den Spielern. Jeder Spieler hatte vor dem Anpfiff gegen Uruguay bereits eine Uhr mit der Gravur »den Weltmeistern« geschenkt bekommen.

Beim *Maracanaço* waren rund 200 000 Zuschauer im Stadion. Auch wenn die genaue Zahl nicht mehr feststellbar ist – die Angaben schwanken zwischen den damals offiziell erlaubten 173 850 und den damals kolportierten 220 000. Mehr Zuschauer waren wohl nie bei einem Fußballspiel im Stadion.

Bei der WM 2014 durften nur noch 74 738 Zuschauer ins Maracanã.

Nach dem *Maracanaço* fand keine Siegerehrung für den Überraschungsweltmeister Uruguay statt. FIFA-Präsident Jules Rimet übergab den Pokal im Verborgenen. »Durch die Tunnel der Riesentribüne begab ich mich beim Stand von 1:1 zur Siegesfeier, um den Brasilianern die Trophäe zu überreichen. Als ich auf den Platz kam, herrschte im Stadion eine Totenstille. Uruguay hatte eben sein zweites Tor geschossen und war Weltmeister. Plötzlich gab es keine Ehrengarde mehr, keine Nationalhymne, keine Ansprache vor dem Mikrofon, keine glanzvolle Siegesfeier. Ich fand mich allein inmitten der Volksmenge, von allen Seiten bedrängt, mit dem Pokal in meinen Händen, ohne zu wissen, was ich tun sollte. Ich hielt nach dem uruguayischen Kapitän Ausschau und überreichte ihm – fast im Geheimen – den Pokal und streckte ihm die Hand hin, ohne ein Wort sagen zu können. Später legte sich die Verwirrung. Die Menschenmenge brach langsam auf, wie wenn sie vom Friedhof käme. Funktionäre und brasilianische Spieler gratulierten den Siegern mit einer traurigen, aber zugleich herzlichen Verbeugung«, schrieb Rimet später.

Brasiliens damaliger Nationaltorwart Moacyr Barbosa absolvierte nach dem *Maracanaço* kein Spiel mehr für Brasilien und galt als Persona non grata. »In Brasilien sieht das Gesetz 30 Jahre Haft für Mord vor. Ich habe lebenslänglich bekommen.

Ich fühle mich immer noch eingekerkert, die Menschen sehen in mir noch den Schuldigen für diese Niederlage«, sagte Barbosa viel später.

Die »Seleção« absolvierte nach dem *Maracanaço* zwei Jahre keine Länderspiele.

Das nicht minder traumatische 1:7 Brasiliens im Halbfinale der Heim-WM 2014 gegen Deutschland wird in Brasilien *Mineiraço* genannt, nach dem damaligen Spielort Mineiro.

Zlatan Ibrahimović spielte im Nike-Werbespot zur WM 2014 in seinem damaligen Klubtrikot von Paris Saint-Germain mit. Schweden hatte sich damals nicht für die WM qualifiziert.

Zur WM 1950 traten nur 13 Mannschaften an. Der spätere Weltmeister Uruguay hatte in seiner Gruppe mit Bolivien nur einen Gegner, Schweden in seiner immerhin zwei. Statt einer K.-o.-Runde fand nach der Gruppenphase eine Finalrunde statt, in der die Gruppensieger den Weltmeister ausspielten.

Im Aztekenstadion in Mexiko-Stadt fanden 19 WM-Spiele statt, so viele wie in keinem anderen Stadion der Welt.

Insgesamt 1 917 550 Zuschauer waren im Aztekenstadion während der 19 WM-Spiele dabei (100 924 im Schnitt). Beide Zahlen sind Rekord.

Das für die WM 2014 neu gebaute Estádio Nacional de Brasília Mané Garrincha in der Hauptstadt Brasiliens wurde acht Monate nach dem Ende der WM als Busdepot und als Büro für 400 Beamte genutzt. Mit Baukosten von 450 Millionen Dollar war es das teuerste der WM 2014.

Der Betzenberg, auf dem das Fritz-Walter-Stadion in Kaiserslautern steht, ist 285 Meter hoch.

---

100 Tage vor dem Start der WM in Brasilien waren nur drei der zwölf Stadien komplett fertig. Die Arena Corinthians in São Paulo, in dem auch das Eröffnungsspiel stattfand, wurde erst zehn Monate nach dem Ende der WM 2014 komplett fertig.

Die Form des Final-Stadions der WM 2014, die Soccer City in Johannesburg, ist einer Kalebasse nachempfunden, einer traditionellen afrikanischen und südamerikanischen Trinkschale aus einem Flaschenkürbis.

Berti Vogts' spätere Frau Monika arbeitete während der WM 1974 als Hostess. In Frankfurt lernten sich am Rande des

Spiels gegen Polen Berti und Monika kennen. 1979 heirateten die beiden, 2005 ließen sie sich scheiden.

In einem Nike-Werbespot zur WM 2014 wirft das russische Model Irina Shayk ihrem damaligen Freund Cristiano Ronaldo eine Kusshand zu.

---

90 Minuten vor Anpfiff der Partie Deutschland gegen Polen bei der WM 1974 gingen bei einem Unwetter 14 Liter Wasser pro Quadratmeter runter. 40 Minuten lang dauerte das Gewitter. »Die Regentropfen sprangen einen halben Meter vom Boden hoch«, erinnerte sich der österreichische Schiedsrichter Erich Linemayr. Das Spiel, das mit 31 Minuten Verspätung angepfiffen wurde, ging als »Wasserschlacht von Frankfurt« in die Geschichte ein. Deutschland sicherte sich mit dem 1:0 den Finaleinzug.

Der Schalker Erwin Kremers verpasste die WM 1974, weil er am letzten Spieltag der Bundesligasaison den Schiedsrichter als »blöde Sau« bezeichnet hatte. Bundestrainer Helmut Schön verzichtete daraufhin auf eine Nominierung des Europameisters von 1972. Sein Zwillingsbruder Helmut Kremers ist dagegen Weltmeister; der Verteidiger und spätere Schalke-Präsident kam beim Heimturnier aber nicht zum Einsatz. Helmut Kremers war dafür bei der EM 1972 nicht dabei.

Jürgen Grabowski feierte am Tag des WM-Finals seinen 30. Geburtstag. Er beschenkte seine Mannschaft und die Fans mit dem vorletzten Pass zu Gerd Müllers 2:1.

Carsten Jancker empfahl sich 2002 bei Teamchef Rudi Völler mit null Saisontoren in der Bundesliga für die Nominierung zur WM. In Japan und Südkorea traf der Stürmer immerhin einmal.

Franz Beckenbauer spielte bei seiner ersten WM 1966 nicht als Libero, sondern als defensiver Mittelfeldspieler. Er erzielte beim Turnier in England vier Tore, was Platz 3 in der Torschützenliste bedeutete. Torschützenkönig in England wurde der portugiesische Stürmer Eusébio.

Eusébio wurde entweder am 5. Januar 1942 oder am 25. Januar 1942 in Lourenço Marques, dem heutigen Maputo in Mosambik, geboren. Das genaue Geburtsdatum des Stürmers ist unbekannt, weil die portugiesische Kolonialverwaltung damals nicht genau arbeitete und in verschiedenen Dokumenten die zwei verschiedenen Geburtsdaten stehen.

Benfica Lissabon zahlte 1960 umgerechnet 25 000 Euro Ablöse für Eusébio an dessen Jugendklub Sporting Clube de Lourenço Marques – dabei war der Klub eigentlich eng verbandelt mit Benficas Erzrivalen Sporting Lissabon.

Im Viertelfinale der WM 1966 lag Portugal gegen Nordkorea bereits 0:3 hinten. Dann schoss Eusébio vier Tore, Portugal gewann 5:3 und kam ins Halbfinale. Dort schieden Eusébio und Co. gegen den späteren Weltmeister England aus. 1974 konnte sich Portugal nicht für die WM qualifizieren, genauso wenig wie 1978 und 1982. Bei der nächsten Teilnahme 1986 hatte Eusébio längst seine Karriere beendet.

Nach Eusébios Tod 2014 infolge eines Herzstillstandes wurde in Portugal eine dreitägige Staatstrauer angeordnet. Seine Überreste liegen im Lissabonner Pantheon. Er ist der einzige ehemalige Sportler, dem diese Ehre zuteilwurde.

Eusébios Spitzname war »Pantera Negra«, schwarzer Panther.

Auch der legendäre sowjetische Torwart Lew Jaschin wurde »Schwarzer Panther« genannt, alternativ auch »Schwarze Krake«. Der viermalige WM-Teilnehmer Jaschin (1958 bis 1970) trug stets komplett schwarze Torwartkleidung. Sein Erfolgsgeheimnis sei es, »eine Zigarette zu rauchen, um die Nerven zu beruhigen, und einen ordentlichen Schnaps zu trinken, um die Muskeln zu lockern«.

Weil bei Dynamo Moskau zunächst ein anderer Torwart gesetzt war, spielte der junge Lew Jaschin eben für das Eishockeyteam des Klubs im Tor. In seiner Jugend hatte Jaschin auch auf hohem Niveau Schach gespielt.

Paolo Rossi, Torschützenkönig der WM 1982, wäre während der WM eigentlich noch gesperrt gewesen. 1980 war der Stürmer wegen seiner Verwicklungen in einen Wett- und Manipulationsskandal für drei Jahre gesperrt worden. Rossi hatte stets seine Unschuld beteuert, und auch die Haupttäter versicherten hoch und heilig, dass der Stürmer nie Geld verdient habe durch ihre Manipulationen und sich lediglich einmal mit einem von ihnen getroffen habe. Kurz vor der WM 1982 war Rossis Strafe auf zwei Jahre reduziert worden, sodass Rossi ab April 1982 wieder spielberechtigt war. Nationalcoach Enzo Bearzot sorgte mit Rossis Nominierung für das Turnier in Spanien für einen Aufschrei. Bei der WM blieb Rossi in der Vorrunde torlos, drehte aber in den K.-o.-Spielen auf und schoss Italien mit insgesamt sechs Treffern, allein drei davon beim 3:2 gegen Brasilien, fast allein zum dritten Titel. »Ich habe Brasilien zum Weinen gebracht« (*Ho fatto piangere il Brasile*) lautete Rossis Autobiografie.

Bis zu seinem Tod im Jahr 2020 infolge eines Krebsleidens wurde Paolo Rossi in Italien vor allem »Pablito« gerufen.

Die deutsche Nationalmannschaft nahm vor der WM 1974 die Langspielplatte *Fußball ist unser Leben* auf. Produziert wurde das Lied von Jack White, der unter seinem bürgerlichen Namen

Horst Nußbaum eine erste Karriere als Fußballspieler absolviert und in der Saison 1965/66 etwa bei der PSV Eindhoven gespielt hatte. Bis 1994 wurde anschließend die unselige Tradition, dass die deutschen WM-Fahrer mindestens ein Lied aufnehmen mussten, beibehalten.

Zur WM 2006 erschien ein Remix von »Fußball ist unser Leben«. Der Titel erreichte Platz 71 in den deutschen Charts.

Das Lied »Buenos Dias, Argentina«, das die deutsche Nationalmannschaft 1978 mit Udo Jürgens aufnahm, kletterte in den deutschen Charts bis auf Platz 3. Erfolgreicher war kein WM-Song der DFB-Elf.

WM-Lieder der deutschen Nationalmannschaft		
WM	**Lied-Titel**	**zusammen mit**
1974	*Fußball ist unser Leben*	–
1978	*Buenos Dias, Argentina*	Udo Jürgens
1982	*Olé Espana*	Michael Schanze
1986	*Mexico, Mi Amor*	Peter Alexander
1990	*Wir sind schon auf dem Brenner*	Udo Jürgens
1994	*Far away in America*	Village People

Die Nationalmannschaft der DDR nahm vor der WM 1974 gemeinsam mit Frank Schöbel das Lied *Ja, der Fußball ist rund wie die Welt* auf.

Der offizielle WM-Song des Turniers in Deutschland 2006 stammt von Herbert Grönemeyer. Der Sänger und Fan des VfL Bochum nahm *Zeit, dass sich was dreht* auch auf Englisch auf, unter dem Titel *Celebrate the Day*.

Der niederländische Torwart Tim Krul wurde im WM-Viertelfinale 2014 in der ersten Minute der Nachspielzeit in der Verlängerung eingewechselt. Im folgenden Elfmeterschießen wehrte Krul zwei Elfmeter ab und warf so Costa Rica aus dem Turnier.

Die Niederlande schieden bei der WM 2014 schließlich im Halbfinale aus – nach einem verlorenen Elfmeterschießen gegen Argentinien. Nationalcoach Louis van Gaal verzichtete diesmal, Krul einzuwechseln. Stammkeeper Jasper Cillessen parierte keinen Elfmeter Argentiniens.

Nachdem Diego Armando Maradona bei der WM 1994 nach zwei sehr guten Spielen gegen Griechenland und Nigeria des Dopings mit dem Stimulans Ephedrin überführt wurde, sagte er im argentinischen Fernsehen: »Ich möchte nicht dramatisieren. Aber Sie können mir glauben, mir haben sie die Beine abgetrennt. Meine ganze Seele ist zerstört.« Maradona wurde von der FIFA für 15 Monate gesperrt und absolvierte danach kein Länderspiel mehr.

In Maradonas Urin waren bei der WM 1994 nach dem 2:1 gegen Nigeria in zwei Proben fünf verschiedene Formen des leistungssteigernden Mittels Ephedrin gefunden worden, unter anderem der Appetitzügler Norephedrin. »Er muss einen Doping-Cocktail zu sich genommen haben, denn die fünf nachgewiesenen Substanzen finden sich in keinem einzigen Medikament wieder«, sagte der damals verantwortliche FIFA-Arzt Michel D'Hooghe. Maradona hatte in den Wochen vor der WM 14 Kilogramm abgenommen. Eine spätere Untersuchung der Affäre legte nahe, dass Maradona ohne sein Wissen von seinem Leibarzt Daniel Cerrini gedopt worden war. Während seiner Sperre versuchte sich Maradona recht erfolglos als Trainer der argentinischen Erstligisten Textil Mandiyú und Racing Club de Avellaneda, dem Lieblingsklub des heutigen Papst Franziskus. Nach dem Ablauf seiner Sperre spielte Maradona von 1995 bis 1997 noch einmal für seinen Heimatklub Boca Juniors in Buenos Aires. Seine aktive Karriere beendete er an seinem 37. Geburtstag. Wochen zuvor war ihm der Konsum von Kokain nachgewiesen worden, er war erneut von einer langen Sperre bedroht. Es wäre seine dritte gewesen, bereits 1991 war er wegen nachgewiesenen Kokainkonsums während seiner Zeit beim SSC Neapel für 15 Monate gesperrt worden.

Der WM 1994 blieb Maradona jedoch auch nach seinem Doping-Aus erhalten: als Experte für den argentinischen TV-Sender Canal 13. Der Sender hatte ihm 1,5 Millionen Dollar für den Exklusivvertrag gezahlt.

Christian Ziege lag eine Woche vor Deutschlands erstem Spiel bei der WM 1998 in Frankreich drei Tage lang in der Dunkelkammer in Isolation. Er hatte sich ein Virus eingefangen und verpasste so auch Deutschlands Eröffnungsspiel. Im zweiten Gruppenspiel gegen Serbien spielte er von Anfang an; Deutschland lag zur Pause 0:2 hinten, Ziege wurde bald ausgewechselt und von den deutschen Fans bei seinen folgenden Kurzeinsätzen ausgepfiffen. Ein paar ganz Kreative sangen gar »Ziege in den Zoo«. Der gebürtige Berliner erwog seinen Rücktritt aus der DFB-Elf, machte aber schließlich bis zur EM 2004 weiter.

Frank Mill und Guido Buchwald schafften es 1986 im letzten Moment nicht in den endgültigen WM-Kader. 1990 waren beide dabei, Mill sogar, obwohl er es nur auf zwei Saisontore gebracht hatte. Stattdessen verzichtete Teamchef Franz Beckenbauer auf den 15-fachen Torschützen Stefan Kuntz, der 1996 immerhin noch Europameister wurde. »Du kannst nicht einfach die besten 22 Spieler in ein WM-Team packen. Auf den Plätzen 16 bis 22 brauchst du Spieler, die nicht ständig aufmucken. Denn spielen werden sie wahrscheinlich eh nicht«, lautete das Credo Beckenbauers. In der Tat wurde der Dortmunder Mill Weltmeister ohne Einsatz, ebenso wie Günter Hermann (Werder Bremen) und der Kölner Paul Steiner. Der damals 33-jährige Steiner hatte erst kurz vor der WM sein Nationalmannschaftsdebüt gefeiert und wurde nach dem Turnier nicht mehr eingeladen.

Die Begegnungen für die WM 1998 in Frankreich loste Yves Rimet, der Enkel des damaligen FIFA-Präsidenten Jules Rimet, aus.

Günter Netzer stand während der WM 1974 nur 21 Minuten auf dem Platz – beim 0:1 gegen die DDR. Netzer erklärte später, sich nicht als Weltmeister zu fühlen. Nach der WM absolvierte er noch zwei Länderspiele, ehe er 1975 seine Nationalmannschaftskarriere beendete. Netzers aufsehenerregender Wechsel 1973 zu Real Madrid in die zum damaligen Zeitpunkt eher zweitklassige spanische Liga hatte seiner sportlichen Karriere nicht gutgetan: Netzer hatte Anlaufschwierigkeiten gehabt, war übergewichtig und außer Form ins WM-Trainingslager gereist. In Malente hatte er zwar hart gearbeitet, aber den Trainingsrückstand nicht mehr komplett aufholen können. Statt Netzer führte so sein ewiger Rivale, der Kölner Wolfgang Overath, Regie im deutschen Mittelfeld.

Nach dem verlorenen WM-Finale 1930 warfen Argentinier Steine auf die Botschaft Uruguays in Buenos Aires. In der Folge brachen beide Länder bis 1935 die diplomatischen Beziehungen ab.

Naranjito, das Maskottchen der WM 1982 in Spanien, war eine Orange mit einem Fußball in der Hand.

Das Maskottchen der WM 1990 in Italien war ein grün-weiß-rotes Strichmännchen mit einem Fußball als Kopf namens Ciao. Die zehn rechteckigen Formen, die den Körper des Maskottchens bilden, ergeben den Namen Italia.

Die Maskottchen der WM 2002 in Japan und Südkorea waren drei computeranimierte Aliens namens Ato, Kaz und Nik. In der dazugehörigen Zeichentrickserie *Spheriks* spielt der gelbe *Ato* den Trainer der beiden Spieler *Kaz* und *Nik*. Die beiden spielen aber nicht Fußball, sondern ein Spiel, das Atmoball heißt und dem Fußball doch ähnelt. Ihre Gegner in dem Spiel sind die Nulmos.

Im Vergleich zu den *Spheriks* ist Zakumi, das Maskottchen der WM 2010, geradezu gewöhnlich: Der grünhaarige Leopard erhielt aber dennoch eine eigene Zeichentrickserie. Zakumis Geburtsjahr wurde auf 1994 festgelegt, also auf das Jahr, als die Apartheid – jedenfalls offiziell – in Südafrika endlich endete.

Von Fuelco, dem Maskottchen der WM 2014, gab es keine Zeichentrickserie. Dem Gürteltier wurde aber immerhin ein eigener Song gewidmet: »Tatu bom de bola« (Gürteltier gut am Ball) von Arlindo Cruz.

Angela Merkel besuchte die deutsche Nationalmannschaft bei der WM 2014 zweimal in der Kabine, nach dem Auftaktspiel und dem Finale. Beide Male veröffentlichte Lukas Podolski anschließend ein Selfie von sich und der Kanzlerin auf Twitter.

Helmut Kohl war 1990 der erste Bundeskanzler, der die DFB-Elf in der Kabine besucht hatte. Er trank mit den Weltmeistern ein Bier.

Der österreichische Schiedsrichter Helmut Kohl leitete bei der WM 1990 drei Spiele, unter anderem Deutschlands 1:0 im Viertelfinale gegen die Tschechoslowakei. Kohl stellte dabei den Tschechoslowaken Ľubomír Moravčík vom Platz, nachdem dieser aus Ärger gegen eine Entscheidung seinen linken Schuh in die Luft gekickt hatte. Zuvor hatte Pierre Littbarski Moravčík während eines Zweikampfes besagten Schuh von der Ferse getreten.

Zinédine Zidane bezeichnete Moravčík, der 1998 auch fünf Spiele für den MSV Duisburg absolvierte, international vor allem aber aus seiner Zeit bei Celtic Glasgow (1998–2002) bekannt, als eines seiner Vorbilder. Und zwar wegen der fußballerischen Qualitäten des beidfüßigen Dribblers und Freistoßspezialisten.

Kevin Großkreutz stand in der Verlängerung des WM-Finales 2014 bereits zur Einwechslung bereit. Doch Bastian Schweinsteiger entschied sich trotz seiner Gesichtsverletzung weiterzuspielen. Wenige Augenblicke später erzielte Mario Götze das 1:0. Großkreutz wurde schließlich Weltmeister ohne Einsatz.

Auch Großkreutz' damaliger BVB-Mannschaftskamerad Erik Durm wäre im Finale 2014 beinahe zum Einsatz gekommen. Nach einem Foul schien Benedikt Höwedes verletzt zu sein, Durm wurde zum Warmmachen geschickt, allerdings biss der damalige Schalker Höwedes auf die Zähne und spielte durch.

Im Mai 2022 stieg Großkreutz, mittlerweile 34 Jahre alt, mit dem TuS Bövinghausen in die Oberliga Westfalen auf. Im Januar 2021 hatte Großkreutz seine Profikarriere beendet, aber angekündigt, als Amateur aktiv bleiben zu wollen. Ein Großkreutz, ein Wort.

Großkreutz hat auf seiner rechten Wade aus Liebe zu seiner Heimatstadt die Skyline Dortmunds tätowiert. Auf dem Unterarm hat er »Little Brother Lenny« tätowiert. Sein jüngerer Bruder heißt tatsächlich Lenny. Auf der linken Schulter hat Großkreutz zudem alle Titel verewigt, die er in seiner Karriere gewonnen hat, auch den WM-Pokal. Großkreutz' Spitzname ist Fisch, in den sozialen Netzwerken ist er als »Fischkreutz« unterwegs.

Benedikt Höwedes, Kapitän Philipp Lahm und Torwart Philipp Neuer standen bei der WM 2014 in Brasilien alle möglichen

690 Spielminuten auf dem Platz. Toni Kroos, Thomas Müller, Jérôme Boateng und Mesut Özil absolvierten zudem noch alle sieben WM-Spiele. Mit 14 Einsatzminuten ist Julian Draxler von den eingesetzten Spielern derjenige mit der geringsten Einsatzzeit.

Die deutschen Weltmeister von 2014 kassierten während des gesamten Turniers nur sechs Gelbe Karten in sieben Spielen. Zwei Spiele gingen sogar in die Verlängerung.

André Schürrle erzielte alle seine drei Tore bei der WM 2014 als Einwechselspieler. Auch seine Vorlage zu Mario Götzes entscheidendem Tor im Finale gegen Argentinien gab Schürrle als Joker. Sein passender Spitzname im Turnierverlauf: »Super-Joker«.

Mario Götzes Finaltor war 2014 der 32. Treffer eines Einwechselspielers im Turnier. So viele waren es noch nie gewesen. Götze war der erste Einwechselspieler, der in einem WM-Finale das Siegtor erzielte.

Argentinien lag während der WM 2014 lediglich sieben Minuten zurück – im Finale ab der 113. Minute nach Mario Götzes Treffer.

Belgien erreichte 2014 das Viertelfinale, obwohl die Mannschaft insgesamt nur 52 Minuten in Führung lag.

Franz Beckenbauer heiratete während der WM 2006 seine dritte Frau Heidi. Die Trauung fand in Oberndorf bei Kitzbühel statt, dem Wohnort des Paares. Am nächsten Tag sahen sich die Eheleute in München die Achtelfinalpartie Deutschland gegen Schweden und in Leipzig das Spiel Argentinien gegen Mexiko an. Am Hochzeitstag wäre Beckenbauers im Januar 2006 verstorbene Mutter Antonie Beckenbauer 93 Jahre alt geworden.

Franz Beckenbauer besuchte während der WM 2006 48 der insgesamt 64 Spiele. Turniersponsor Emirates hatte ihm einen Helikopter vom Modell Augusta 109 Power E zur Verfügung gestellt, mit dem er durchs Land flog. Insgesamt legten Beckenbauer und sein Pilot Hans Ostler während der WM 25 000 nautische Meilen zurück und waren dabei 100 Stunden in der Luft. Während der Flüge wollte Beckenbauer nicht über Fußball diskutieren. Immer mit dabei im Helikopter: Beckenbauers langjährige Berater Fedor Radmann und Marcus Höfl. »Die Planung seines Managers Marcus Höfl war herausragend. Beckenbauer, Radmann und Höfl haben höchstens fünf Minuten nach dem Abpfiff das Stadion verlassen, so saßen sie spätestens zur zweiten Halbzeit schon wieder beim nächsten Spiel«, erklärte Pilot Ostler in einem *11-Freunde*-Interview, wie es Beckenbauer damals schaffte, den Eindruck zu erwecken, er wäre praktisch überall.

Marcus Höfl schreibt auf seiner Webseite über sich selbst unter anderem: »Seit 2003 vertritt Marcus exklusiv Franz Beckenbauer in allen kommerziellen Angelegenheiten, da er die globalen Persönlichkeitsrechte der Fußballikone besitzt.« Seit 2009 vertritt Höfl auch die Ski-Olympiasiegerin Maria Höfl, seit 2011 sind sie verheiratet.

Fedor Radmann wurde 2019 vorgeworfen, Franz Beckenbauers Stimme im Rahmen der Vergabe der WM 2018 an Russland für 3 Millionen Euro angeboten zu haben. Weitere 1,5 Millionen Euro sollten fließen, wenn Russland tatsächlich die WM austragen dürfte. Dies legten Mails und weitere Dokumente nahe, die der russischen Webseite *The Insider* von der Enthüllungsplattform Black Mirror zugespielt wurden. Radmann bestritt die Vorwürfe. Beckenbauer hat sich nie dazu geäußert, welchem Land er als Mitglied des FIFA-Exekutivkomitees seine Stimme für die WM 2018 gegeben hat. Russland setzte sich gegen die Bewerbungen Englands und den gemeinsamen Bewerbungen von Spanien und Portugal und von Belgien und den Niederlanden durch.

Franz Beckenbauers Vater Franz senior war Postobersekretär und hielt nicht viel von Fußball.

Die WM 1970 wurde erstmals in Farbe übertragen. 800 Millionen Menschen verfolgten die Spiele des gesamten Turniers.

Laut FIFA verfolgte mehr als die Hälfte der Weltbevölkerung die WM 2018 in Russland. 3,572 Milliarden Menschen sollen die WM in Privathaushalten, bei öffentlichen Veranstaltungen oder auf digitalen Plattformen gesehen haben. Allein 1,12 Milliarden Menschen weltweit sahen sich das Finale zwischen Frankreich und Kroatien live an.

Argentiniens Nationalspieler verweigerten während der WM 1998 irgendwann alle Gespräche mit Journalisten aus ihrer Heimat. Zuvor war in Argentinien berichtet worden, Torwart Germán Burgos, heute Co-Trainer von Diego Simeone bei Atlético Madrid, sei mit lebensgefährlichen Verletzungen in ein Krankenhaus eingeliefert worden. Tatsächlich hatte der Keeper sich nur ein paar Rippen geprellt. Burgos: »Meine Mutter ist vor Besorgnis fast gestorben.«

Gerhard Schröder verzichtete bei der WM 2002 auf einen Kabinenbesuch. Der Kanzler, der zu seiner Zeit als Fußballer von seinen Kameraden »Acker« genannt wurde, blieb auf der Tribüne.

Robert Prosinecki ist der einzige Spieler, der WM-Tore für zwei verschiedene Länder erzielte. 1990 traf der im baden-württembergischen Schwenningen geborene Stürmer für Jugoslawien zum 4:1 gegen die Vereinigten Arabischen Emirate. 1998 traf er im Gruppenspiel seiner Kroaten gegen Jamaika.

Prosineckis Vater gehörte zu den Gründern des NK Marsonia Frickenhausen e. V. Bei dem heutigen Kreisligisten waren und sind bis heute vor allem Einwanderer und deren Nachkommen aus dem früheren Jugoslawien und dessen Nachfolgestaaten aktiv.

Als Jugendlicher wurde Robert Prosinecki, der unter anderem von 1991 bis 1994 bei Real Madrid und von 1995 bis 1996 beim FC Barcelona spielte und dort als bestverdienender Spieler der Welt galt, bei den Stuttgarter Kickers aussortiert.

Karl-Heinz Rummenigge ist der einzige Spieler, der seine Mannschaften zweimal als Kapitän in ein WM-Endspiel führte (1982 und 1986) – und beide Finals verlor. Insgesamt erzielte Rummenigge bei den Turnieren 1978, 1982 und 1986 neun Tore.

Gary Lineker machte sich während der WM 1990 im Spiel gegen Irland in die Hose. Der Stürmer war von Durchfall geplagt in das Spiel gegangen, während einer Grätsche passierte das Malheur. Es sei »die schlimmste Erfahrung meines Lebens« gewesen, sagte Lineker 2010 der BBC: »Ich habe versucht, mich auf dem Boden sauber zu machen, habe mich gerollt wie ein Hund. Zum Glück regnete es so heftig, dass man es nicht merkte. Ich hatte nie so viel Platz in einem Spiel. Und traf prompt zum 1:1.«

Ganz so kann es nicht gewesen sein, tatsächlich machte Lineker damals bereits in der 8. Minute das Tor zum 1:0. Später im Spiel brach sich Lineker eine Rippe. Trotz großer Schmerzen hielt er das gesamte Turnier über durch und führte England zu Platz 4.

Peter Shilton, bei der WM 1986 im englischen Tor und damit Opfer von Diego Maradonas Tor mit der »Hand Gottes« beim 2:1 im Viertelfinale, ist mit 17 WM-Spielen Englands WM-Rekordspieler.

Kurze Zeit nach der WM 1986 kam ein Computerspiel namens *Peter Shilton's Handball Maradona* heraus. In dem Spiel konnte man Shilton in Spielen der englischen Liga steuern.

Im Elfmeterschießen gegen Deutschland im WM-Halbfinale 1990 konnte Englands Keeper Peter Shilton keinen einzigen Elfmeter halten. Der deutsche Keeper Bodo Illgner parierte gegen Stuart Pearce, und Chris Waddle schoss zudem den letzten englischen Elfmeter weit über das Tor. Nach diesem Spiel sagte Englands Stürmer und heutiger Fußball-Weise Gary Lineker seine mittlerweile weltberühmten Sätze: »Fußball ist ein einfaches Spiel: 22 Männer jagen 90 Minuten lang einem Ball nach, und am Ende gewinnen immer die Deutschen.«

Die WM 2022 wird die erste WM im Winter und mit 28 Tagen Dauer die kürzeste seit der WM 1978 in Argentinien sein; diese dauerte 25 Tage.

Katar setzte sich gegen die Bewerbungen der USA, Südkorea, Japan und Australien durch. Enthüllungen der US-Justiz in New York ergaben, dass bei der Vergabe am 2. Dezember 2010 in Zürich drei Mitglieder des FIFA-Exekutivkomitees gekauft worden waren, um für die Bewerbung Katars zu stimmen. Ohne die gekauften Stimmen wäre die WM mit sehr großer Wahrscheinlichkeit an die USA gegangen. Auch für die zeitgleich vergebene WM 2018 in Russland waren mehrere Stimmen gekauft worden, um für Russland zu stimmen.

Von den 22 Wahlmännern für die Weltmeisterschaften 2018 und 2022 war bei Beginn der WM in Russland nur noch einer im Amt.

Der Prozess um die mutmaßlich gekaufte WM 2006 in Deutschland vor dem Schweizer Bundesstrafgericht in Bellinzona gegen die früheren DFB-Funktionäre Theo Zwanziger, Wolfgang Niersbach und Horst R. Schmidt und den früheren FIFA-Generalsekretär Urs Linsi wurde am 27. April 2020 wegen Verjährung eingestellt. Zum ersten Prozesstermin am 9. März 2020 war keiner der Angeklagten aus Deutschland erschienen, zwei hatten ärztliche Atteste vorgelegt.

In dem Prozess sollte geklärt werden, weshalb im Jahr 2005 6,7 Millionen Euro von den Konten des DFB über die FIFA an den früheren Adidas-Chef Robert Louis-Dreyfus flossen. Der Milliardär hatte Beckenbauer und dem DFB das Geld vier Jahre vorher geliehen; der Grund dafür ist bis heute unbekannt. Der naheliegende Verdacht, dass mit dem Geld Stimmen für die Vergabe der WM 2006 gekauft worden seien, wird von allen mit dem Vorgang betrauten früheren DFB-Funktionären sowie von Franz Beckenbauer und dessen Berater Fedor Radmann bestritten. Beckenbauer erklärte, das damalige Organisationskomitee habe sich das Geld von Louis-Dreyfus geliehen, weil die FIFA im Gegenzug für die Zahlung eines Zuschusses in Höhe von 250 Millionen Schweizer Franken eine Zahlung in Höhe von 10 Millionen Schweizer Franken (eben jene 6,7 Millionen Euro) gefordert hätte.

Der zuvor schon ausgelagerte Prozess gegen Franz Beckenbauer war wegen des angeschlagenen Gesundheitszustands der Fußballlegende im Jahr 2019 bereits ohne Anklage zu den Akten gelegt worden.

Diego Armando Maradonas zweiter Treffer gegen England beim 2:1 im Viertelfinale der WM 1986 wurde zum WM-Tor des Jahrhunderts gewählt. Maradona hatte in seinem Dribbling mit 37 Schritten rund 60 Meter überbrückt und dabei mit elf Ballkontakten sechs Gegenspieler inklusive Torwart Peter Shilton umspielt, ehe er den Ball ins leere Tor schob. Englands Stürmer Gary Lineker, der den englischen Ehrentreffer erzielte, sagte über Maradonas Tor später: »Es war wohl das einzige Mal in meiner gesamten Karriere, dass ich dem gegnerischen Team für ein Tor applaudieren wollte.«

Das 1:0 gegen England im WM-Viertelfinale 1986 hatte Diego Armando Maradona mit der »Hand Gottes« erzielt. Den Ausdruck erfand Maradona selbst, als er über den Treffer mit seiner Hand nach dem Spiel im TV sagte: »Es war ein bisschen Maradonas Kopf und ein bisschen die Hand Gottes.« Maradona war in der 51. Minute mit der Hand zum Ball gegangen und hatte diesen am herausspringenden und 20 Zentimeter größeren englischen Keeper Peter Shilton vorbei ins Tor bugsiert. Der tunesische Schiedsrichter Ali Bin Nasser war davon ausgegangen, der 1,65 Meter kleine Maradona hätte den Ball mit dem Kopf gespielt. Maradona schrieb 2017 in seiner Autobiografie, dass das Tor in gewisser Weise seine Rache für den Falklandkrieg gewesen sei. Er habe sein Tor mit der »Hand Gottes« darum auch lieber als seinen nur wenige Minuten später erzielten Treffer, der zum WM-Tor des Jahrhunderts gewählt wurde.

Das Lied »Maradona (kesä '86)«, übersetzt »Maradona (Sommer '86)«, der finnischen Hip-Hop-Gruppe Teflon Brothers erreichte 2014 Platz 1 der finnischen Charts.

Franz Beckenbauer verkündete seinen Spielern 1990 nach der Rückkehr ins Teamhotel nachts um zwei Uhr seinen Rücktritt als Teamchef. Außerdem befahl er seinen Weltmeistern, ihn ab sofort zu duzen. Siegtorschütze Andreas Brehme fiel dies eher schwer. »Denn der Franz ist eben der Franz, einer der Größten des Weltfußballs, zu dem ich immer aufgeschaut habe. Damals dachte ich, das geht nicht. Wenn ich den Trainer künftig duze, kriege ich Schweißausbrüche«, sagte Brehme Jahrzehnte später dem RND.

Frankreich trat bei der WM 1978 im Spiel gegen Ungarn in Mar del Plata zum ersten und einzigen Mal in der Geschichte in grün-weiß-gestreiften Trikots an. Weil beide Mannschaften wegen einer Kommunikationspanne nur ihre weißen Trikots dabeihatten, liehen sich die Franzosen die Leibchen von der Jugendmannschaft des ortsansässigen Klubs Atlético Kimberley. Die Trikots spannten zwar etwas und waren teils einen Hauch zu kurz, aber das bereits ausgeschiedene Frankreich gewann 3:1.

Während der WM 1978 in Argentinien waren die unteren Enden der Torpfosten im Stadion von Buenos Aires schwarz bemalt. Unter anderem der *Guardian* veröffentlichte 2017 einen durchaus charmanten Erklärungsansatz, der sich jedoch als Legende herausstellte. Demnach habe es sich bei der Bemalung der Torpfosten um einen stummen Protest des Stadionpersonals gegen die damals herrschende Militärjunta gehandelt. Mit der schwarzen Bemalung sollte den Zehntausenden vom Regime

Verschleppten gedacht werden. Da die Torpfosten und auch die Torfahnen in Argentinien schon lange vor der WM und lange vor dem Schreckensregime der Junta bemalt wurden, ist die profanere, aber wahrscheinlichere Erklärung, dass die Bemalung den Stürmern zur besseren Orientierung dienen sollte. So schrieb es der argentinische Journalist Martin Mazur in *11 Freunde*.

Giorgio Chiellini bewundert Luis Suárez dafür, dass dieser ihm während des WM-Gruppenspiels zwischen Italien und Uruguay 2014 in die Schulter biss. »Böswilligkeit ist ein Teil des Fußballs, ich würde so etwas nicht als illegitim bezeichnen. Man muss klug sein, um an seinem Gegner vorbeizukommen«, schrieb der langjährige italienische Nationalspieler in seinen Memoiren *Io, Giorgio* (Ich, Giorgio). Und weiter: »Ich bewundere seine Gerissenheit.« An die Szene erinnert sich Chiellini wie folgt: »Ich habe plötzlich gemerkt, dass ich in die Schulter gebissen wurde. Es ist einfach so passiert, aber das ist Teil seiner Strategie im Mann-gegen-Mann-Duell. Und wenn ich das sagen darf: meine auch. Wir sind uns ähnlich, und ich nehme es gerne mit Angreifern wie ihm auf.« Suárez hatte Chiellini nach einem harmlosen Zweikampf in der 79. Minute in die Schulter gebissen und sich anschließend zu Boden fallen lassen, um ein Foul Chiellinis anzuzeigen. Der Schiedsrichter hatte von der Szene nichts mitbekommen. Diego Godín erzielte nach der anschließenden Ecke das 1:0 für Uruguay, Italien scheiterte in der Gruppenphase.

Während Chiellini Suárez bald verzieh, verurteilte Stürmerlegende Ronaldo die Attacke aufs Schärfste: »Ich habe nie jemanden gebissen. Ich weiß, dass beißen wehtut, meine kleinen Kinder haben mich auch schon gebissen – und ich habe sie dafür bestraft. Bei mir zu Hause bedeutet das: Ab in den dunklen, schwarzen Raum mit dem großen, bösen Wolf!«

Die FIFA sperrte Suárez, der bereits während seiner Zeit bei Ajax Amsterdam einen Gegner gebissen hatte, nachträglich für neun Spiele und vier Monate. Suárez, der während der vier Monate auch nicht mit seiner Mannschaft trainieren durfte, musste außerdem 100 000 Schweizer Franken Strafe zahlen.

Luis Suárez gab später zu, seine Frau über die Beißattacke belogen zu haben. In einem Interview mit der in Barcelona erscheinenden Zeitung *Sport* sagte der damalige Spieler des FC Barcelona: »Ich habe Sofia verletzt, weil ich sie belogen habe. Sie fragte mich, ob ich es getan hätte, und ich verneinte. Ich konnte es nicht glauben und schon gar nicht aussprechen. Ich habe es nicht verstanden.« Der Tag, an dem er die Nationalmannschaft Uruguays verlassen musste, sei einer der schwersten seines Lebens gewesen. »Meine Kinder fragten mich, warum ich nicht spiele. Das hat wirklich wehgetan. Vor allem, weil ich nicht so bin. Ich bin ein Weichei und meine Familie weiß das.« Uruguay schied ohne Suárez 2014 nach einem 0:2 gegen Kolumbien im Achtelfinale aus.

Óscar Washington Tabárez coachte Uruguays Nationalmannschaft ununterbrochen von 2006 bis 2021 und damit auch bei den Endrunden 2006, 2010, 2014 und 2018. Damit war er in Russland noch vor Joachim Löw der dienstälteste Nationalcoach. Bereits 1990 hatte Tabárez Uruguay bei der WM in Italien betreut. Er führte seine Teams jedes Mal mindestens ins Achtelfinale. Größter Erfolg war Platz 4 bei der WM 2010 in Südafrika.

Bei der WM 2018 war Tabárez auf eine Krücke angewiesen. Der mittlerweile 75-Jährige leidet an dem Guillain-Barré-Syndrom, einer Nervenkrankheit, die Muskelschwäche und Lähmungserscheinungen vor allem in den Beinen auslöst. Zu den Trainingseinheiten ließ sich Tabárez mit einem Golf-Cart fahren.

Parallel zu seiner Fußballkarriere unterrichtete der studierte Lehrer Tabárez in den 1960er- und 1970er-Jahren Kinder in Armenvierteln. Sein Spitzname in Uruguay: »El Maestro«, der Lehrer. In seinem Haus in Montevideo ist eine Wand mit diesem Spruch des lateinamerikanischen Freiheitskämpfers Che Guevara beschriftet: »Wir müssen stark werden, ohne je unsere Zärtlichkeit zu verlieren«.

Deutschland absolvierte während der WM 1990 seine ersten fünf Spiele unweit vom WM-Quartier am Comer See in Mailand. Nur zum Halbfinale (Turin) und Finale (Rom) musste die Mannschaft umziehen.

»Goycochea wusste alles! Nur halten konnte er ihn nicht«, rief Kommentator Gerd Rubenbauer in der ARD nach Andi Brehmes erfolgreichen Elfmeter im Finale 1990 gegen Argentinien und Keeper Goycochea. Argentiniens Keeper galt als Elfmeterspezialist.

Goycochea urinierte vor dem siegreichen Elfmeterschießen der WM 1990 im Viertelfinale gegen Jugoslawien und im Halbfinale gegen Gastgeber Italien, umringt von seinen Mitspielern, auf den Rasen.

Weil der aus dem Baskischen stammende Name Goycochea so schwer auszusprechen war, nannten die Fans von Goycocheas Heimatverein River Plate ihn nur »El Vasco« (der Baske).

Hansi Flick betrieb zusammen mit seiner Familie von 1995 bis 2017 das Sportgeschäft Hansi Flick Sport und Freizeit GmbH in seinem Heimatort Bammental. Zuvor hatte Flick 1993 im Alter von nur 28 Jahren seine Karriere wegen diverser Verletzungen als Sportinvalide beenden müssen. Von 1994 bis 2000 spielte er in seiner Freizeit aber noch beim FC Victoria Bammental.

Bevor Flick 2019 Trainer des FC Bayern München wurde, war seine einzige Station als Cheftrainer die TSG 1899 Hoffenheim gewesen, die er von 2000 bis 2005 in der Oberliga und Regionalliga betreut hatte. Von 2006 bis 2014 war er Assistent von Joachim Löw beim DFB-Team gewesen.

Joachim Löw und Hansi Flick waren das erste Trainer- und Co-Trainergespann beim DFB, bei dem beide Coaches keine Nationalspieler gewesen waren.

Mario Kempes, mit sechs Treffern Torschützenkönig der WM 1978, wurde von den Fans »El Matador«, der Vollstrecker, genannt. Von 1986 bis 1992 spielte der Weltmeister für ein paar kleinere Vereine in Österreich. Als sich Kempes im Januar 1986 dem First Vienna FC 1894 anschloss, urteilte die *Kronen Zeitung*: »Das ist ungefähr so, als wäre der Papst im Frühjahr Pfarrer von Grinzing«. Als Trainer arbeitete Kempes später unter anderem in Indonesien und Albanien.

Hans Krankl, legendärer Schütze des 2:1 und 3:2 gegen Deutschland beim »Wunder« respektive der »Schmach von Córdoba« bei der WM 1978, wäre wegen eher dürftiger Leistung in der ersten Halbzeit in der Pause des Spiels beinahe ausgewechselt worden. Österreichs Nationaltrainer Helmut Senekowitsch entschied sich aber im letzten Moment um – als Strafmaßnahme. »Ich war regelrecht zornig auf ihn und wollte, dass er das Dilemma bis zum Schluss durchsteht. Strafweise!«, bekannte Senekowitsch. Krankl blieb drin, traf in der 66. und 88. Minute und ließ ORF-Mann Edi Finger senior und eine ganze Nation »narrisch« werden.

Krankls 3:2 in der 88. Minute kommentierte Finger senior in seiner Radioreportage so: »Ist im Strafraum – Schuss – Tooor, Tooor, Tooor, Tooor, Tooor, Tooor! I wer' narrisch! Krankl schießt ein! 3:2 für Österreich! Meine Damen und Herren, wir fallen uns um den Hals; der Kollege Riepl, der Diplom-Ingenieur Posch! Wir busseln uns ab. 3:2 für Österreich durch ein großartiges Tor unseres Krankl. Er hat alles überspielt, meine Damen und Herren. Und wartens noch ein bisserl, wartens no a bisserl; dann können wir uns vielleicht ein Vierterl genehmigen.« Und wenige Minuten später: »Noch einmal Deutschland am Ball. Eine Möglichkeit für Abramczik. Und!? Daneeeeben! Also der Abraaaamczik – abbusseln möcht i den Abramczik dafür. Jetzt hat er uns gehooolfn. Allein vor dem Tor stehend. Der braaave Abramczik hat daneben gschossn. Der Arme wird si ärgern. Und jetzt ist auuus! Ende! Schluss! Vorbei! Aus! Deutschland geschlagen!«

Der in der Reportage genannte Kollege Riepl stellte rund um die EM 2008 in Österreich und der Schweiz fest: »Richtig abgebusselt hat der Finger mich nicht. Ich habe den Finger sogar auffangen müssen, sonst wäre er über die Bank gefallen.«

Die Langspielplatte *Edi Finger live: Fußball WM 1978* verkaufte sich nach der WM mehr als 50 000-mal.

Edi Finger senior hatte – eine Blamage für die bereits ausgeschiedenen Österreicher gegen die noch um den Finaleinzug kämpfenden Deutschen erwartend – ursprünglich keine Lust gehabt, das Spiel zu kommentieren. Er erlitt wenige Monate nach Córdoba einen Herzinfarkt. Danach moderierte er keine Livereportagen mehr.

Edi Finger junior, wie sein Vater Sportreporter, arbeitete ebenfalls für den ORF. Zur EM 2008 in Österreich und der Schweiz produzierte er eine CD mit dem »Narrisch«-Schrei des Vaters. Er selbst sagte den Spruch aber nicht. »Ich wäre nur eine schlechte Kopie«, meinte er einmal.

Die *Bild* veröffentlichte nach der Schmach von Córdoba die Telefonnummer von Doppeltorschütze Krankl.

Zuvor hatte Max Merkel in der *Bild* – gewollt oder ungewollt – Motivationshilfe betrieben. Der in Deutschland sehr populäre österreichische Trainer, für die WM 1978 vom ÖFB als Berater angestellt, schrieb in seiner Kolumne: Krankl sei so langsam wie eine Weinbergschnecke. »Das hat uns heiß gemacht«, berichtete Krankl später.

Die deutsche und die österreichische Mannschaft flogen nach dem Spiel gemeinsam in einer Maschine zurück nach Buenos Aires – und plünderten gemeinsam die Alkoholvorräte der Maschine.

Krankls Tor zum 2:1 wurde in Deutschland zum Tor des Monats gewählt.

Der neue argentinische Botschafter in Österreich schenkte der Stadt Wien 2021 zum Einstand eine originale Bank aus dem Stadion von Córdoba sowie ein Ticket von damals und die Tafel aus der Kommentatorenbox von Edi Finger senior.

Paul Breitner rasierte sich kurz vor der WM 1982 sein Markenzeichen, den Vollbart, ab. Breitner hatte einen Werbevertrag mit der Rasierwassermarke Pitralon unterzeichnet. »Ich weiß nicht, ob diese Aktion gut oder schlecht war. Aber im Ergebnis rückte Pitralon im After-Shave-Ranking vom neunten auf den dritten Platz vor. Da frage ich doch nicht, ob die Werbung gut war«, sagte Breitner später der *Süddeutschen Zeitung*. Komiker Otto Waalkes fiel in seinem Lied »Grund zum Feiern« zum Thema Pitralon übrigens einmal ein: »Klosterfrau Melissengeist oder wie der Stoff sonst heißt, Kölnischwasser, Pitralon – wir rülpsen nicht, wir kotzen schon.«

Bis auf Jekaterinburg lagen alle Austragungsorte der WM 2018 auf dem europäischen Teil Russlands.

Die niederländische Fußballlegende Johan Cruyff verzichtete auf die WM 1978, weil er wenige Monate zuvor beinahe Opfer einer Entführung geworden wäre. »Man hielt mir ein Gewehr an den Kopf, meine Frau war gefesselt und unsere Kinder mussten all das miterleben«, sagte Cruyff im Jahr 2010 zu Radio Catalunya. Die Polizei habe ihn und seine Familie daraufhin monatelang unter Schutz gestellt. Er sei mental nicht dazu bereit gewesen, eine WM zu spielen. Cruyff spielte damals für den FC Barcelona, die Begebenheit war bis zu diesem Interview unbekannt gewesen. Bis dahin war stets spekuliert worden, Cruyffs Frau habe ihn von der WM-Teilnahme abgehalten oder Cruyff habe aus Protest über die Militärdiktatur in Argentinien auf die WM verzichtet. Wie sich Cruyff aus der Gewalt der Entführer befreite, verriet er nicht.

Vor dem WM-Finale 1974 soll Cruyff fast die ganze Nacht mit seiner Frau Danny telefoniert haben und am nächsten Tag dementsprechend müde gewesen sein. Grund für die nächtliche Telefonodyssee: Cruyff soll versucht haben, seine Ehe zu retten. Wenige Tage zuvor hatten die *Stuttgarter Nachrichten* und danach auch die *Bild* die sogenannte Nacktbadepartyaffäre von Cruyff und drei weiteren niederländischen Nationalspielern aufgedeckt. Der aus Konstanz stammende Sportjournalist Guido H. Frick hatte sich als »Spätzlevertreter aus Stuttgart auf der Durchreise nach Hamburg« ausgegeben und sich so im WM-Quartier der »Elftal« einquartiert. Eines Nachts geriet er in den Privaträumen des Hotelchefs in eine Party einiger niederländischer Spieler, darunter Cruyff, der mit einer Rothaarigen getanzt und geschmust haben soll. Frick wurde Teil der Partygesellschaft, die sich später in den Keller des Hotels verlagerte; am nächsten Tag schrieb er seine Erlebnisse brühwarm auf.

Cruyff musste bei Nationalcoach Rinus Michels zum Rapport und anschließend seine Danny besänftigen. Frick flog aus dem Hotel, hatte aber den Coup seines Lebens. Cruyffs Ehe mit Danny Coster Cruyff hielt bis zu seinem Tod im Jahr 2016; Frick arbeitet schon lange nicht mehr als Sportjournalist, sondern ist heute Maler.

Cruyff absolvierte bis 1977 48 Länderspiele für die Niederlande, in denen ihm 33 Tore gelangen. Zusätzlich lief er auch zweimal für Katalonien auf, dessen Team allerdings von der FIFA nicht als offizielle Nationalmannschaft anerkannt wird. Von 2009 bis 2013 trainierte er die katalanische Nationalmannschaft auch.

Johan Cruyffs Mutter arbeitete seit dem Tod ihres Mannes und Johans Vater im Jahr 1959 als Putz- und Kantinenfrau bei Ajax Amsterdam. Im selben Jahr trat auch Johan der Jugendmannschaft des Klubs bei.

Das 1969 veröffentlichte und von Cruyff gesungene Lied »Oei oei oei (Dat was me weer een loei)« erreichte Platz 21 der niederländischen Hitparade.

Johan Cruyffs 1974 geborener Sohn Johan Jordi Cruyff ist mit seinem zweiten Namen nach dem katalanischen Nationalheiligen Jordi benannt, obwohl der Name während der Franco-

Diktatur in Spanien verboten war. Cruyff widersetzte sich dem Verbot, indem er seinen Sohn in den Niederlanden registrieren ließ. Auch wegen dieser Episode wird er in Barcelona fast noch mehr verehrt als in den Niederlanden.

Tschechien lag 1998 auf Platz 3 der FIFA-Weltrangliste – schaffte aber die Qualifikation für die WM nicht.

Honduras konnte keines seiner bisherigen neun WM-Spiele gewinnen. Für die WM 2022 in Katar konnten sich die Mittelamerikaner, die 1982, 2010 und 2014 teilnahmen, nicht qualifizieren.

Österreich musste im Spiel um Platz 3 bei der WM 1934 gegen Deutschland ab der 30. Minute in den hellblauen Trikots des SSC Neapel spielen. Da beide Mannschaften in weißen Hemden angetreten waren, hatten Fans und Schiedsrichter die Mannschaften kaum unterscheiden können. Der Schiedsrichter unterbrach nach 30 Minuten und bat die Österreicher nach einem Münzwurf, die Kleidung zu wechseln.

Nach der WM 1934 durften Mannschaften nicht mehr in derselben Trikotfarbe gegeneinander antreten.

Während der WM 1982 warfen deutsche Nationalspieler Nachts mit Wasser gefüllte Plastiktüten aus den Hotelfenstern. Einige trafen deutsche Fans. »Das wird sich in Frankreich nicht wiederholen«, versprach DFB-Präsident Hermann Neuberger vor Beginn der EM 1984 in Frankreich in einem Interview im *Spiegel*.

Jorge Campos, Mexikos Torwart bei den Weltmeisterschaften 1994 und 1998 (und 2002 als Ersatzmann), war nur 1,68 Meter groß. Bei seinem ersten Profiklub UNAM Pumas spielte Campos sowohl als Torwart als auch als Stürmer. Weltweit bekannt wurde Campos aber vor allem wegen seiner sehr bunten und weiten Trikots. Die meisten davon gestaltete der Keeper sogar selbst.

Von 1994 bis 2004 absolvierte Campos 130 Länderspiele für Mexiko. Ab 2003 arbeitete er zugleich als Co-Trainer für Mexikos Nationalcoach Ricardo La Volpe.

Ricardo La Volpe, von 2002 bis 2006 äußerst erfolgreicher Nationaltrainer Mexikos, gehört zu den eher wenigen bekannten Cheftrainern, die während ihrer aktiven Karriere Torwart waren. In Argentiniens WM-Kader 1978 blieb La Volpe 1978 aber ohne Einsatz. Seinen deutschen Spitznamen »El Fluppe« verdankt La Volpe seiner ausgeprägten Nikotinsucht. Während der WM 2006 rauchte La Volpe rund 50 Zigaretten am Tag, wie er einmal *Bild* erzählte. 2014 stieg er aber auf E-Zigarette um.

Begründung: Die sei nicht gar so gesundheitsschädlich. »Ich bin jetzt in einem Alter, in dem man die Folgen des Rauchens spürt«, sagte er dem Blatt 2018.

Anderswo wurde La Volpe eher »Bigotón« genannt – wegen seines ausgeprägten Schnurrbarts.

Mexikos Nationalmannschaft scheiterte seit der WM 1994 bei allen Weltmeisterschaften jeweils im Achtelfinale. Weiter kam die Mannschaft nur bei den Turnieren im eigenen Land. 1970 und 1986 war jeweils im Viertelfinale Schluss. Mexiko schied dabei stets gegen den späteren Vizeweltmeister aus: 1970 gegen Italien, 1986 gegen Deutschland.

Mexikos Rekordtorschütze und Teilnehmer der Weltmeisterschaften 2010, 2014 und 2018 Javier Hernández Balcázar, besser bekannt unter seinem Spitznamen »Chicharito«, ist der Sohn von Javier Hernández Gutiérrez, der 1986 an der WM teilnahm.

Chicharitos Vater wurde wegen seiner kleinen Körpergröße und seiner grünen Augen »Chícharo« genannt, Erbse. Chicharito bedeutet übersetzt »kleine Erbse«.

Tomás Balcázar, Chicharitos Großvater mütterlicherseits, nahm an der WM 1954 teil. Hülsenfrucht-Spitznamen wurden dem Stürmer zeit seines Lebens nicht verliehen.

Italiens faschistischer Diktator Benito Mussolini soll den italienischen WM-Teilnehmern von 1938 vor dem Finale gegen Ungarn ein Telegramm mit der Losung »Siegen oder sterben« ins WM-Quartier geschickt haben. Ob es das Telegramm wirklich gab, ist natürlich umstritten. Doch der ungarische Torwart Antal Szabó sagte nach der verdienten 2:4-Niederlage im Finale zu Journalisten: »Wir haben vor dem Spiel erfahren, dass die italienischen Spieler ein Telegramm aus Rom erhalten haben. ›Siegen oder sterben‹ soll dort dringestanden haben. Also haben wir soeben elf Spielern das Leben gerettet.«

Im Halbfinale der WM 1938 der Italiener gegen Brasilien riss Giuseppe Meazza beim Anlauf zu einem Elfmeter das Gummiband an der Hose. Der italienische Stürmer zog sich die Hose wieder hoch, hielt sie fest, lief noch einmal an und traf zum 2:0.

Das Städtchen Ashton-under-Lyne im Großraum Manchester hat drei Fußballweltmeister hervorgebracht und alle drei mit einer Statue geehrt: den Wembley-Torschützen Geoff Hurst, seinen Mannschaftskameraden Jimmy Armfield – und Simone Perrotta, der 2006 in Berlin mit Italien den Pokal in den Himmel halten durfte. Perrotta wurde in Ashton-under-Lyne geboren, zog aber im Alter von sechs Jahren mit seiner Familie nach Kalabrien zurück.

Toni Polster war der einzige Spieler in Österreichs WM-Kader 1990, der sein Geld nicht in der österreichischen Bundesliga verdiente. Polster, später unter anderem auch beim 1. FC Köln und Borussia Mönchengladbach aktiv, stürmte damals für den FC Sevilla.

Zwölf Spieler des 22-köpfigen österreichischen Aufgebots bei der WM 1998 verdienten ihr Geld in der österreichischen Bundesliga. Sechs spielten in Deutschland und jeweils einer in Italien, England, Spanien und Frankreich.

Der damalige Vizepräsident Joe Biden überraschte nach dem ersten Gruppenspiel der USA bei der WM 2014 die Mannschaft nach dem 2:1 gegen Ghana in der Kabine – und hätte den österreichischen Co-Trainer Andreas Herzog beinahe nackt gesehen. »Ich hatte mit dem japanischen Fitnesstrainer eine Gaudi in der Dusche, dann sind wir in die Kabine gehüpft, haben mit den Handtüchern herumgewedelt und ›USA, USA, USA‹ gesungen. Auf einmal sah ich einen riesigen Bodyguard. Dahinter stand der damalige Vizepräsident Joe Biden mit seiner Tochter oder Enkelin, das weiß ich bis heute nicht. Ohne diesen Schrank von Bodyguard hätte mich Biden nackt gesehen. Dann hat mich der japanische Fitnesstrainer zurück in die Dusche gezogen. Das war schon ein bisschen peinlich«, erinnerte Herzog sich bei *SPOX*.

Raimundo Orsi, einer von zwei italienischen Torschützen beim 2:1 im WM-Finale gegen die Tschechoslowakei bei der WM 1934, scheiterte am Tag nach dem Finale daran, sein recht spektakuläres Tor nachzustellen. Zuvor hatte er gegenüber Journalisten behauptet, er könne seinen Flatterball jederzeit wiederholen. Nach 20 Versuchen gab er auf.

Orsi hatte bei den Olympischen Spielen 1928 in Amsterdam mit der argentinischen Nationalmannschaft die Silbermedaille gewonnen. Nach dem olympischen Turnier war der Stürmer in Europa geblieben und hatte sich der Juventus aus Turin angeschlossen. Die Familie Agnelli, Eigentümer von Fiat und von Juventus, hatte ihm damals geradezu astronomische 100 000 Lire Handgeld und 8000 Lire pro Monat Gehalt, eine Villa und einen Fiat 509 mit Chauffeur geboten. Von 1929 bis 1935 absolvierte Orso 35 Länderspiele für Italien und erzielte dabei 13 Tore, nach seiner Rückkehr nach Argentinien 1936 machte er noch sein 13. Länderspiel für sein Geburtsland.

HALBFINALE

Geoff Hurst ist der einzige Spieler, dem drei Tore in einem WM-Finale gelangen. Zumindest offiziell, denn natürlich war sein Treffer zum 3:2 in der Verlängerung nicht hinter der Linie gewesen.

Hurst selbst beharrt darauf, dass sein Treffer zum 3:2 regulär war. Nicht, weil er selbst gesehen hätte, wie der Ball die Linie vollständig überschritt oder weil der Schiedsrichter den Treffer gab, sondern weil sein nahe am Tor postierter Sturmpartner Roger Hunt nach dem Schuss sofort jubelte.

Während der WM 1974 titelte die *Bild* einmal zu einem Foto des brasilianischen Spielers Francisco Marinho: »Mütter, holt eure Töchter von der Straße, der blonde Teufel ist in der Stadt.« In Brasilien wurde der langhaarige blonde Linksverteidiger jedoch »Hexe« genannt.

Der FC Schalke bemühte sich 1975 um eine Verpflichtung Francisco Marinhos und lud den Brasilianer zu einem Heimspiel gegen den FC Bayern München ein. Außerdem ließ Klubpräsident Oskar Siebert die anwesenden Fans per Stimmzettel wählen, ob man den mehr als 1 Million DM teuren Marinho verpflichten solle. Die Stimmzettel erreichten allerdings nie die Schalker Geschäftsstelle. Marinho flog wieder nach Brasilien und spielte unter anderem 1978/79 mit Franz Beckenbauer bei Cosmos New York.

Seine Karriere beendete Francisco Marinho in der Saison 1987/88 jedoch in Deutschland, und zwar beim Amateurverein BC Harlekin Augsburg in der C-Klasse Augsburg-Südwest. Manager des BC Harlekin Augsburg war damals der spätere Bundesligatrainer Armin Veh. Auf Wunsch des Klubmäzens Peter Eiba war Veh damals sogar zu Pelé geflogen, um ihm eine Kuckucksuhr zu schenken. Eibas Plan, den dreimaligen Weltmeister mit dem Geschenk als Gastspieler für ein Hallenturnier zu gewinnen, schlug jedoch fehl.

Roberto Baggio, Italiens tragischer WM-Star von 1994 und Zopfträger, wurde in den japanischen Manga-Serien *Captain Tsubasa J* und *Sailor Moon* verewigt. Während Baggio in der Fußballerserie Captain Tsubasa zufällig bei dessen Ankunft in Italien am Flughafen trifft, wird das »Göttliche Zöpfchen« in *Sailor Moon* von einer Dämonin angegriffen, als Biaggo in seinen Ferrari steigen möchte.

Sigmund Haringer wurde vor dem WM-Halbfinalspiel der deutschen Mannschaft 1934 gegen die Tschechoslowakei von Reichstrainer Otto Nerz nach Hause geschickt, weil er sich am Bahnhof in Neapel eine Orange gekauft und gegessen hatte. Nerz hatte den Verteidiger des FC Bayern München auf frischer Tat ertappt. Der Reichstrainer hatte den Kickern befohlen, vor

Spielen höchstens einen halben Liter Flüssigkeit am Tag zu sich zu nehmen und auch das Essen von Orangen und Zitronen verboten. Damit solle übermäßiges Schwitzen der Sportler vermieden werden. Wer schwitze, sei schlecht beieinander, war des Reichstrainers Meinung. Das entsprach damals dem angeblichen Stand der Wissenschaft.

Otto Nerz war von 1919 bis 1933 Mitglied der SPD gewesen. Nach der Machtergreifung der Nationalsozialisten orientierte sich der seit 1926 amtierende Reichstrainer um, wurde Mitglied der SA und 1937 auch der NSDAP und verfasste auch antisemitische Artikel für verschiedene Zeitungen. Nach einem 0:2 in der zweiten Runde des olympischen Fußballturniers 1936 des Deutschen Reiches gegen Norwegen wurde Nerz als Reichstrainer zwangsbeurlaubt. Sein Assistent Sepp Herberger übernahm die Mannschaft. Nerz blieb aber als Referent für die Nationalmannschaft des nationalsozialistischen Fachamts Fußball, das während der NS-Zeit den DFB abgelöst hatte, bis kurz vor der WM 1938 Herbergers Vorgesetzter. Nerz verstarb 1949 in sowjetischer Gefangenschaft.

Das Trikot, in dem Diego Armando Maradona 1986 sein berühmtes Tor mit der »Hand Gottes« gegen England erzielt haben soll, wurde im Mai 2022 für 8,8 Millionen Euro versteigert. Laut des Auktionshauses Sotheby's war es der höchste Preis, der jemals für ein Sporterinnerungsstück gezahlt wurde.

Das Trikot gehörte vorher dem früheren englischen Mittelfeldspieler Steve Hodge, der sein Leiberl 1986 nach dem Spiel mit Maradona getauscht hatte. Hodges Autobiografie hat den Titel *The Man With Maradona's Shirt* (Der Mann mit Maradonas Trikot).

Maradonas Tochter Dalma hatte vor der Versteigerung Zweifel angemeldet, ob es sich wirklich um das Hand-Gottes-Trikot handeln würde: Laut Dalma habe ihr Vater das spätere Rekordstück nur während der ersten Halbzeit des Spiels getragen. Sotheby's erklärte aber, sehr wohl im Besitz des richtigen Hemdes zu sein.

Nach dem 1:3 Deutschlands gegen Schweden im Halbfinale bei der WM 1958 kündigte DFB-Präsident Peco Bauwens an, nie mehr gegen die schwedische Nationalelf spielen zu wollen und außerdem Schweden nie mehr betreten zu wollen. Den Deutschen war von den einheimischen Fans bei der WM in Schweden die Hölle heiß gemacht worden. Fritz Walter und Erich Juskowiak hatten sich zu Fouls hinreißen lassen, die Platzverweise zur Folge hatten. Deutschland blieb nach dem verlorenen Spiel um Platz 3 dem FIFA-Bankett fern.

Beim Aachener Reitturnier CHIO wurde 1958 die schwedische Fahne gestohlen, einige Restaurants verbannten zudem die damals populäre »Schwedenplatte« (skandinavisches Buffet unter anderem mit eingelegtem Hering) von der Karte. Auf der

Hamburger Reeperbahn sollen Prostituierte auf Pappschildern »Schweden unerwünscht« geschrieben haben. Einige Tankstellenbesitzer sollen schwedischen Touristen in jenen Tagen und Wochen das Benzin verweigert haben.

Uruguay boykottierte als Revanche für das geringe Interesse europäischer Nationen an der WM 1930 das Turnier 1934 in Italien und verzichtete so freiwillig darauf, den Titel zu verteidigen.

Mittelfeldspieler Luis Monti, 1934 Weltmeister mit Italien, schoss 1930 das erste WM-Tor für Argentinien und stand mit der »Albiceleste« auch im Finale. Verbandswechsel waren damals zwar bei Beachtung einiger Regeln grundsätzlich noch erlaubt, da Monti aber weniger als drei Jahre vor seinem Debüt für Italien noch ein Länderspiel für Argentinien absolvierte, hätte er bei der WM 1934 eigentlich nicht eingesetzt werden dürfen.

Insgesamt setzte Italien bei der WM 1934 fünf eingebürgerte Spieler mit italienischen Wurzeln, sogenannte *Oriundi*, ein: vier ursprüngliche Argentinier, einen Brasilianer. Vier *Oriundi* hätten aber nicht spielen dürfen.

Mauro Camoranesi, Weltmeister von 2006, wurde in Argentinien geboren. 2003 schloss sich der Mittelfeldspieler, dessen Großvater einst aus Italien ausgewandert war, der italienischen

Nationalmannschaft an. »Argentinien hat sich nie um mich bemüht«, so seine Begründung.

Englands Nationaltrainer Sven-Göran Eriksson plauderte wenige Monate vor Beginn der WM 2006 in einem Siebensternehotel in Dubai bei Hummer und Champagner Interna aus dem englischen Verband aus und zeigte sich offen gegenüber einem Engagement beim englischen Klub Aston Villa, sollte sein Gesprächspartner den Verein übernehmen. Eriksson zeigte sich zudem zuversichtlich, die englischen Superstars David Beckham von Real Madrid und David Owen von Newcastle United nach Birmingham lotsen zu können. Blöd nur: Bei Erikssons Gesprächspartner handelte es sich nicht um einen Scheich, sondern um einen Reporter der Boulevardzeitung *News of the World*.

Eriksson betreute die englische Mannschaft trotzdem noch bei der WM 2006, beendete danach aber sein Engagement. Sein Vertrag wäre noch bis 2008 gelaufen.

Eine Liebschaft mit einer Sekretärin des englischen Fußballverbands hatte Eriksson auf der Insel auch den Beinamen »geiler Sven« eingebracht.

Vor der WM 2010 soll Eriksson vom nordkoreanischen Verband gedrängt worden sein, die WM-Gruppenauslosung zu manipulieren, um Nordkorea eine einfache Vorrunde zu bescheren. So erzählte es Eriksson selbst im Februar 2022 der BBC. Er habe den Nordkoreanern erklärt, dass er das nicht machen könne.

Bei der WM 2010 betreute Eriksson die Mannschaft der Elfenbeinküste. Er stach damit Bernd Schuster aus, der ebenfalls mit dem Verband über ein Engagement verhandelt hatte.

Matthias Sindelar, einer der ersten Superstars des Fußballs und Kapitän des österreichischen »Wunderteams« der 1930er-Jahre, weigerte sich nach dem Anschluss Österreichs an Deutschland bei der WM 1938 für das Deutsche Reich zu spielen. Er beendete nach dem Einmarsch der Wehrmacht in Österreich umgehend seine Karriere.

Sechs Weltmeister von 2014 gewannen 2009 zusammen die U21-Europameisterschaft: Manuel Neuer, Jérôme Boateng, Benedikt Höwedes, Mats Hummels, Sami Khedira und Mesut Özil. Ashkan Dejagah, 2009 ebenfalls U21-Europameister, spielte bei der WM 2014 für Iran.

Sandro Wagner, 2009 ebenfalls Mitglied der deutschen U21-Europameister, trat 2018 öffentlichkeitswirksam aus der Nationalmannschaft zurück. Bundestrainer Joachim Löw hatte den Spätberufenen – sein Nationalmannschaftsdebüt feierte Wagner 2017 vor dem Confed-Cup in Russland – nicht für die WM 2018 in Russland nominiert. Nach acht Länderspielen und fünf Toren, darunter drei gegen San Marino, endete so die Nationalmannschaftskarriere des Mittelstürmers. »Für mich ist klar, dass ich mit meiner Art, immer offen, ehrlich und direkt Dinge anzusprechen, anscheinend nicht mit dem Trainerteam zusammenpasse«, ließ Wagner in seiner Rücktrittserklärung verlauten. Im Oktober 2020 wurde Wagner Stürmertrainer für die U-Nationalmannschaften des DFB, seit Februar 2021 ist er Cheftrainer der viertklassigen SpVgg Unterhaching, zudem arbeitet Wagner als Experte für DAZN und das ZDF.

Argentiniens Mannschaft besuchte während der WM 1934 in Italien den Geburtsort von Italiens Diktator Benito Mussolini in Predappio und legte am Grab seiner Vorfahren einen Kranz ab.

Ricardo Zamora, bester Torwart seiner Zeit und Spaniens Star bei der WM 1934, rauchte bis zu 60 Zigaretten am Tag. Bei der Rückreise von den Olympischen Spielen 1920 in Antwerpen war Zamora sogar einmal wegen des Schmuggels von Havanna-Zigarren verhaftet worden.

Bei der WM 1934 durfte der italienische Verband als Ausrichter entscheidend an der Auswahl der Schiedsrichter für die Spiele mitwirken. Die italienische Mannschaft wurde in so gut wie allen Spielen von den Schiedsrichtern bevorteilt. In den beiden Viertelfinalspielen gegen Spanien – nach einem 1:1 nach Verlängerung im ersten Spiel war ein Wiederholungsspiel nötig geworden – verweigerten die Schiedsrichter, der Belgier Louis Baert und der Schweizer René Mercet, reguläre Tore Spaniens. Und bei seinem Treffer zum finalen 1:0 im Wiederholungsspiel hatte sich der italienische Torschütze Giuseppe Meazza mit beiden Händen beim spanischen Torwart Zamora aufgestützt. Darüber hinaus waren sieben Spanier zu dem Zeitpunkt verletzt gewesen. Im Finale gegen die Tschechoslowakei verweigerte der schwedische Schiedsrichter Ivan Eklind den Tschechoslowaken einen klaren Elfmeter. Im Halbfinale Italien gegen Österreich hatte der Schiedsrichter sogar eine Chance Österreichs vereitelt, indem er den Ball selbst wegköpfte. Eklind war vor dem Halbfinalspiel bei Mussolini zu Gast gewesen.

Bei der WM 1966 wurden keine Nationalhymnen gespielt. Die englische Regierung hatte der FIFA aus politischen Gründen zunächst verboten, die Hymne Nordkoreas abzuspielen. Der Weltverband beschloss also, gar keine Hymnen abzuspielen. Die einzigen Ausnahmen waren das Eröffnungsspiel England gegen Uruguay und das Endspiel zwischen England und Deutschland.

Der englische Weltmeister Nobby Stiles rieb sich vor jedem Spiel der WM 1966 aus Aberglauben die Brust, die Hände und das Gesicht langwierig mit Olivenöl ein. Sein Mannschaftskamerad Jack Charlton kehrte nach dem Aufwärmen erst wieder in die Kabine zurück, wenn er einen Ball ins Tor geschossen hatte.

Der englische Stürmer Gary Lineker verzichtete zeit seiner Karriere darauf, während des Aufwärmens aufs Tor zu schießen. »Ich wollte keinen Treffer vergeuden. Ich wollte mir die Tore fürs Spiel aufsparen«, sagte der WM-Teilnehmer von 1986 und 1990 einmal. Auch sonst hatte Lineker ziemlich viele Rituale auf Lager: »In der Halbzeitpause habe ich immer mein Trikot gewechselt, wenn ich kein Tor erzielt hatte. War ich dagegen erfolgreich, behielt ich das Trikot an. Wenn ich mal längere Zeit nicht erfolgreich war, bin ich auch immer zum Friseur gegangen.«

Nach den ersten zwei Gruppenspielen Englands bei der WM 1986 – einem 0:1 gegen Portugal und einem 0:0 gegen Marokko – war Lineker in den britischen Boulevardmedien unter anderem als »Sportwagen im Leerlauf« bezeichnet worden. Im dritten und entscheidenden Gruppenspiel gegen Polen erzielte der flinke Stürmer in der 9., 14. und 34. Minute drei Tore. Am Ende hatte Lineker sechs Treffer in Mexiko erzielt, war WM-Torschützenkönig geworden und wurde in die Mannschaft des Turniers gewählt. Bei der Wahl zu Europas Fußballer des Jahres 1986 wurde Lineker Zweiter.

Die nordkoreanischen Spieler mussten nach dem Vorrunden-Aus bei der WM 2010 vor 400 Menschen in einem Tribunal Selbstkritik üben und ihren Trainer Kim Jung Hun anklagen. Die FIFA nahm wenig später Ermittlungen gegen Nordkorea auf, nachdem Radio Free Asia berichtet hatte, der Trainer sei zu Zwangsarbeit auf einer Baustelle verurteilt worden. Das Regime verneinte dies, die FIFA stellte die Ermittlungen ein. Kim Jung Hun trainierte später den Verein 25. April Sports Club.

Nordkoreas Stürmer Jong Tae-se wechselte nach der WM 2010 als erster Nordkoreaner nach Deutschland. Der »Wayne Rooney Asiens« schloss sich dem damaligen Zweitligisten VfL Bochum an. Jong ist der Sohn einer Nordkoreanerin und eines Südkoreaners und wurde in Japan geboren, wo er auch aufwuchs. Später spielte er unter anderem für den 1. FC Köln und in Südkorea; in Nordkorea hat er nie gelebt.

Jong Tae-se soll sich nach einer Niederlage Nordkoreas gegen Japan in der WM-Qualifikation 2006 entschlossen haben, die nordkoreanische Staatsangehörigkeit zu beantragen. Bis dahin war er Staatsbürger Südkoreas gewesen.

Vor dem Spiel gegen Brasilien bei der WM 2010 rührte Jong Tae-se die Welt, als er beim Abspielen der nordkoreanischen Nationalhymne in Tränen ausbrach. »Ich habe vor dem Spiel geweint, weil ich wirklich emotional bewegt war. Ich dachte: ›Wir haben es endlich hierhin geschafft.‹ Und ich war auch glücklich, dass wir gegen eine der stärksten Mannschaften der Welt spielen durften. Ich habe schon immer von dieser Weltmeisterschaft geträumt«, erklärte er später.

Der offizielle Spielball der WM 2006 hieß »+Teamgeist«. Viele Torhüter kritisierten, dass die Plastikkugel sehr flattere und bei Regen außerdem sehr glitschig werde. Der Ball lasse »Torhüter schlecht aussehen«, befand Deutschlands Nummer 1 Jens Lehmann.

»+Teamgeist« war mitnichten der erste WM-Ball, der nicht aus Leder gemacht war. Bereits der »Federale 102«, der Spielball der zweiten WM 1934, war nicht aus Leder, sondern aus Baumwolle. Aber in Italien regnet es ja nicht so oft.

Bei der WM 1930 wurde mit zwei Bällen gespielt: Weder das »T-Model« noch der »Tiento« verfügten über ein Ventil, über das die Bälle aufgepumpt werden konnten. Richtig rund waren die Dinger auch nur selten.

Egil Olsen, Norwegens Trainer bei den Weltmeisterschaften 1994 und 1998, war Mitglied der maoistischen Kommunistischen Arbeiterpartei Norwegens. Ballbesitz war ihm egal, zeitweise verbot er seinen Spielern, rückwärts oder quer zu passen. Seine technisch eher limitierten Spieler sollten verteidigen, die Gegner jagen und ansonsten kontern. Sein »Kick and Rush« galt als britischer als bei den Briten selbst. Er gilt als einer der ersten Trainer, der seine Mannschaften anhand von Videoanalysen aufstellte und erwarb sich so in den wissenschaftsfernen Fußballjahren der 1990er den Beinamen als »Fußball-Professor«. Sein Markenzeichen waren aber eher die

Gummistiefel, die er während des Trainings in der Regel trug: Olsen litt an Rheuma, mit den Schuhen schützte er seine Gelenke vor der Nässe des Rasens.

In den 1990er-Jahren wurde in Norwegen Egil Olsen zu Ehren das »Drillo-Glacé« verkauft: ein Vanilleeis mit Karamell und Cornflakes. Als der altlinke Trainer noch Fußballer gewesen war, wurde er »Drillo« gerufen, weil er so gerne ins Dribbling ging.

Italiens Nationaltrainer Giovanni Trapattoni hatte während der WM 2002 stets ein Fläschchen mit geweihtem Wasser dabei, das er auf dem Rasen verspritzte. Das Wasser hatte ihm seine Schwester, eine Nonne, geschenkt.

Max Vieri, der Bruder von Italiens Rekord-WM-Torschützen Christian Vieri, absolvierte sechs Länderspiele für Australien. Ihr Vater Roberto Vieri war einst einer der ersten italienischen Profis, die ihr Glück im Ausland versuchten; 1977 bis 1980 spielte Roberto Vieri für die Marconi Stallions in der ersten australischen Liga. 1981 setzte er seine Karriere in Italien fort, 1983 emigrierte er mit seiner Familie nach Australien. Während Christian Vieri einer der besten italienischen Stürmer der 1990er- und frühen Nullerjahre war, kam Max Vieri nicht über Einsätze in der zweitklassigen italienischen Serie B hinaus.

Christian Vieri erzielte bei den Weltmeisterschaften 1998 und 2002 insgesamt neun Tore, damit ist er zusammen mit Roberto Baggio (1990, 1994 und 1998) und Paolo Rossi (1978 und 1982) Italiens Rekord-WM-Torschütze.

Roberto Baggio hat seinen verschossenen Elfmeter im WM-Finale 1994 in zwei Werbespots thematisiert. In einem Spot für den italienischen Mobilfunkanbieter Wind traf Baggio in einem alternativen Ende des Finals mit seinem Elfmeter die Latte, um dann den Nachschuss zu verwandeln. Ein Jahr später erzählte Baggio in einem Werbespot für den Spirituosenhersteller Johnnie Walker von seinem verschossenen Elfmeter 1994 und wie er 1998 bei der WM in Frankreich trotzdem wieder zum Elfmeterschießen antrat – und diesmal verwandelte.

Tatsächlich traf Baggio im WM-Viertelfinale 1998 den ersten Elfmeter im Elfmeterschießen gegen Frankreich. Ähnlich wie 1994 war er tänzelnd angelaufen, anders als 1994 hatte er den Ball aber nicht in den Himmel, sondern trocken rechts ins Tor geschossen. Italien schied dennoch aus.

Roberto Baggio, wegen seiner begnadeten Spielweise und seinem Zöpfchen »Il Divin Codino« (das göttliche Zöpfchen) genannt, ist bereits seit 1988 Buddhist. Er fand nach einer schweren Knieverletzung mit 18 Jahren, die ihn quasi seine ganze Karriere lang behindern sollte, zu seinem Glauben.

Baggio ist begeisterter Entenjäger. »Die Ente ist das Tier, das mich am meisten fasziniert. Ich fühle mich selbst wie eine Ente, vielleicht war ich mal eine in einem vergangenen Leben«, hat er einmal gesagt.

Sowohl Argentinien als auch Uruguay bestanden darauf, das WM-Finale 1930 mit dem von ihnen mitgebrachten Ball zu bestreiten. Schiedsrichter John Langenus entschied salomonisch und wechselte nach der Halbzeit den Ball.

Die Dokumentenmappe, mit der sich die USA erfolgreich um die Ausrichtung der WM 1994 bewarb, war 381 Seiten dick; insgesamt 500 000 Dollar hatte das Bewerbungsteam für die Recherche und Produktion der Mappe ausgegeben. Die USA setzten sich schließlich erfolgreich gegen die Bewerbungen aus Brasilien und Marokko durch.

Argentiniens Trainer Carlos Bilardo verbot seinen Spielern während der WM 1986 das Essen von Hühnerfleisch. Der Coach war davon überzeugt, das Verzehren von Hühnerfleisch bringe Unglück. Die Spieler bekamen stattdessen regelmäßig Steaks und wurden immerhin Weltmeister. Außerdem lieh sich Bilardo an den Spieltagen immer Zahnpasta von seinen Spielern.

Der offizielle WM-Ball zur WM 2010 hieß »Jabulani«, was auf Zulu »sich freuen« bedeutet.

Weil »Jabulani« noch stärker flatterte als sein Vorgänger »+Teamgeist«, fand sich während des Turniers kaum ein Torhüter, der den Ball nicht furchtbar fand. Iker Casillas vom späteren Weltmeister Spanien bescheinigte »Jabulani« gar einen »abgründigen Charakter«.

Erst bei der WM 1950 konnten die WM-Bälle aufgepumpt werden: Der Rindslederball »Super Duplo T« verfügte als erster über ein Ventil.

Bei den Weltmeisterschaften 1958 in Schweden und 1962 in Chile kamen die gleichen Bälle zum Einsatz: Weil das 1962er-Modell »Mr. Crack« zu leicht Luft verlor, wurde in Chile wieder das 1958er-Modell »Top-Star« verwendet.

Seit 1970 stammen alle WM-Bälle von Adidas. Der »Telstar Durlast« bestand aus Fünf- und Sechsecken in Schwarz und Weiß – damit der Ball an den damals üblichen Schwarz-Weiß-Fernsehern besser erkannt werden konnte.

Alle WM-Bälle seit dem Azteca México zur WM 1986 bestanden aus vollsynthetischem Material.

Alle WM-Bälle		
WM	**Ball**	**Besonderheit**
1930	T-Model und Tiento	Kein offizieller Ball. Im Finale kamen beide zum Einsatz.
1934	Federale 102	Baumwollball
1938	Allen	Lederball, verformte sich leicht.
1950	Super Duplo T	Erster Ball mit Ventil
1954	Swiss World Champion	Rindslederball, hellbraun
1958	Top-Star	Erster Ball in Weiß
1962	Mr. Crack und Top-Star	Mr. Crack verlor Luft, daher wurde wieder mit Top-Star gespielt.
1966	Slazenger Challenge 4-Star	Ball war in verschiedenen Farben verfügbar.
1970	Adidas Telstar	Erster WM-Ball von Adidas. Erster Ball in Schwarz-Weiß.
1974	Adidas Telstar Durlast	
1978	Adidas Tango Durlast	
1982	Adidas Tango España	Erstmals verschweißte Nähte; erstmals synthetische Schicht über dem Leder
1986	Adidas Azteca México	Erster Vollsynthetikball
1990	Adidas Etrusco Unico	Erster völlig wasserabweisender Ball
1994	Adidas Questra	
1998	Adidas Tricolore	Gas befüllte Mikrobälle auf der Oberfläche sorgten für mehr Schusspräzision.

Alle WM-Bälle		
WM	**Ball**	**Besonderheit**
2002	Adidas Fevernova	Letzter WM-Ball mit klassischer Wabenstruktur
2006	Adidas +Teamgeist	Außenhülle besteht nur noch aus 14 statt 32 Panels. Ball runder, flatterte aber auch.
2010	Adidas Jabulani	Nur noch 8 Panels, Ball flatterte noch mehr.
2014	Adidas Brazuca	Aus temperaturregulierendem Material
2018	Adidas Telstar 18	Erster Ball mit integriertem NFC-Chip
2022	Adidas Al-Rihla	Soll laut Hersteller der schnellste und präziseste Ball der Geschichte sein.

Spaniens Torwart Santiago Cañizares verpasste die WM 2002, weil er sich beim vergeblichen Versuch, eine herunterfallende Flasche Aftershave mit dem Fuß aufzufangen, an den Glassplittern eine Sehne im Fuß durchtrennte.

Bryan Robson brach sich während der WM 1990 in Italien den Zeh, als er das Bett seines Zimmergenossen Paul Gascoigne hochhob und auf seinen Zeh fallen ließ. Die Langfassung dieser skurrilen Aktion beschrieb Gascoigne Jahre später so: »Trainer Bobby Robson hatte unser Fehlen bemerkt und ließ uns mit der Polizei suchen. Wir rannten wie die Teufel, um ins Hotel zu kommen, bevor er uns erwischte. Ich warf mich aufs Bett und alberte weiter rum. ›Halt die Klappe, du Landei‹, fluchte Bryan. ›Du verträgst ja wirklich gar nichts.‹ Bryan stemmte das Bett hoch und versuchte mich runterzukippen, dabei rutschte er aus – und das Bett knallte auf seinen Zeh. Überall war Blut.« Dem Trainer erzählten die beiden aber eine leicht andere Geschichte: »Ich sagte, Bryan habe seine Füße im Bidet gewaschen und sei dabei ausgerutscht«, sagte Gascoigne. Der Presse erzählten die englischen Offiziellen dann doch lieber etwas von Achillessehnenproblemen bei Robson.

Gascoigne schwänzte während der WM 1990 ein paar Trainingseinheiten. Unter anderem, um mit Touristen Tennis zu spielen. Er spielte in Italien dennoch das Turnier seines Lebens; das Bild des weinenden Gascoignes nach Englands Scheitern im Halbfinale nach dem Elfmeterschießen gegen Deutschland ging um die Welt. Genauso wie die Fotos, die zeigten, wie Gascoigne nach der WM mit umgeschnallten Plastikbrüsten und falscher Bierplauze wieder in England landete.

Michael Ballack erzielte in den Playoff-Spielen Deutschland gegen die Ukraine für die WM 2002 drei Tore und ebnete der deutschen Mannschaft so den Weg zur WM. Im Hinspiel in Kiew rettete Ballack der DFB-Elf ein 1:1, im Rückspiel erzielte er beim 4:1 das erste und letzte deutsche Tor.

Werner Hansch, der das Hinspiel bei Sat.1 kommentierte, attestierte Ballack nach Bernd Schneiders Freistoß einen Kopfballtreffer. Tatsächlich hatte Ballack den Ball mit seinem linken Fuß zum 1:1-Endstand ins Tor geschossen. »Das war das wichtigste Tor in meinem Leben«, sagte Ballack anschließend. »Es kann nur noch ein wichtigeres geben – wenn ich Deutschland am Mittwoch zur WM schieße.« Das schaffte er – mit zwei Treffern, ein Tor davon sogar per Kopf.

Michael Ballack wurde 2002 mit Bayern Leverkusen knapp Zweiter in der Bundesliga und verlor das Finale des DFB-Pokals und der Champions League. Mit der Nationalmannschaft wurde er zudem Vizeweltmeister. Spätestens seitdem galt er in der Öffentlichkeit als »ewiger Zweiter«. In der Saison 2007/08 wurde er mit dem FC Chelsea Zweiter in der englischen Premier League und verlor das erste rein englische Champions-League-Finale gegen Manchester United mit 7:6 (1:1; 1:1) nach Elfmeterschießen; Ballack verwandelte dabei den ersten Elfmeter für seine Mannschaft. Mit der Nationalmannschaft verlor er das Finale der EM 2008 in Österreich und der Schweiz gegen Spanien mit 0:1. Doch Ballack gewann in seiner Karriere durchaus große Titel: Er wurde viermal Deutscher Meister (1998 mit dem 1. FC Kaiserslautern, 2003, 2005 und 2006 mit dem FC Bayern München) und einmal englischer Meister (2010 mit dem FC Chelsea), zudem dreimal DFB-Pokalsieger (2003, 2005 und 2006) und dreimal englischer FA-Cup-Sieger (2007, 2009 und 2010). Zudem wurde er 2002, 2003 und 2005 zu Deutschlands Fußballer des Jahres gewählt. »Titel werden manchmal überschätzt« sagte Ballack dem Magazin *11 Freunde*, auf sein dennoch hartnäckiges Image als ewiger Zweiter angesprochen.

Ballack verpasste das WM-Finale 2002, weil er im Halbfinale gegen Co-Gastgeber Südkorea mit einem taktischen Foul zwar eine koreanische Torchance vereitelte, aber eben auch seine zweite Gelbe Karte des Turniers kassierte. Zuvor hatte Ballack die DFB-Elf aber mit seinem dritten Turniertreffer ins Finale geköpft. Nach dem Spiel vergoss Ballack in der Kabine ein paar Tränen, wie er am Tag danach zugab. Jedoch unkte er angesichts seines damaligen Finalfluchs: »Vielleicht ist es ein gutes Omen, dass ich nicht spielen kann.«

Die FIFA wählte Ballack nach dem Turnier ins All-Star-Team. Zudem wurde er 2002 von der UEFA zum besten Mittelfeldspieler des Jahres gekürt.

Ballack absolvierte nach seinem Syndesmosebandrisses kurz vor der WM 2010 kein Spiel mehr für die Nationalmannschaft; das Band war nach einem Foul von Kevin-Prince Boateng vom FC Portsmouth im FA-Cup-Finale gerissen. Ballack verpasste dadurch die WM. Als der langjährige Kapitän die deutsche Mannschaft während der WM im WM-Quartier in Südafrika besuchte, sagte sein Vertreter Philipp Lahm vor Journalisten: »Ich werde meine Kapitänsbinde nicht freiwillig abgeben.« Ballack reiste wenig später ab, offiziell auf Anraten der Mannschaftsärzte.

Der verletzte Ballack war während des besagten Besuchs im WM-Quartier wieder ein Spieler von Bayer Leverkusen; er hatte sich zuvor mit Chelsea nicht auf eine Vertragsverlängerung einigen können. Zwar hätten die Londoner den Mittelfeldspieler, der bei seinem Wechsel 2006 der bestbezahlte Spieler der Premier League gewesen war, gerne behalten, allerdings hatten sie ihm nur einen Einjahresvertrag angeboten. Ballack hatte mindestens eine zweijährige Laufzeit gefordert. In Leverkusen hatte er daraufhin Ende Juni 2010 einen Vertrag bis zum 30.6.2012 unterzeichnet. Ballack verzichtete anschließend auf eine Vertragsverlängerung. Seine Karriere beendete er jedoch erst im Oktober 2012. Die Rückkehr nach Leverkusen bereute Ballack jedoch: »Ich hätte bleiben sollen und wenn auch nur für ein Jahr. Ich hatte nie damit gerechnet, zu Bayer Leverkusen zurückzukehren. Ich habe wirklich bis zum Schluss gehofft, dass ich bis zum Ende in Chelsea bleiben könnte«, sagte er bei Sky.

Während der WM 2014 arbeitete Ballack als Experte für den US-Sender ESPN.

Wenn es für eine Fußballkarriere nicht gereicht hätte, hätte Michael Ballack gerne Architektur studiert, wie er *11 Freunde* einmal sagte.

Die Playoff-Spiele gegen die Ukraine waren nötig geworden, weil Deutschland das vorletzte WM-Qualifikationsspiel gegen

England in München mit 1:5 verloren hatte und anschließend auch gegen Finnland nicht über ein 0:0 hinausgekommen war.

Unmittelbar nach dem WM-Finale 2006 musste noch auf dem Rasen des Berliner Olympiastadions Mauro Camoranesis Zopf dran glauben. Infolge einer verlorenen Wette schnitt Mannschaftskollege Massimo Oddo Camoranesi unweit des Elfmeterpunktes die Haarpracht ab. Als der Italo-Argentinier 2010 beim VfB Stuttgart anheuerte, waren die Haare längst wieder lang.

Nach dem Finale wurde eine angebliche Haarsträhne Camoranesis bei eBay für 250 Euro versteigert. Der Anbieter erklärte, er habe das Haar von einem Mitarbeiter des Olympiastadions erhalten, weil er keine Karte bekommen habe. Na klar.

Camoranesis und Oddos Teamkollege Simone Perrotta enthüllte Oddos bis dahin sorgsam verborgene Passion der Öffentlichkeit. »Oddo hat auch mir, Gennaro Gattuso, Andrea Barzagli und Marco Materazzi während der WM die Haare geschnitten«, erzählte er. Dem geouteten Oddo blieb nichts anderes mehr als die Bestätigung. »Ich liebe es, anderen die Haare zu schneiden.« Während der WM dürfte der spätere Außenverteidiger des FC Bayern München mehr Zeit mit Haareschneiden als auf dem Platz verbracht haben: Oddo kam 2006 für 23 Minuten zum Einsatz.

Die italienische Friseurinnung verlieh Oddo nach der WM jedenfalls den Friseurtitel ehrenhalber. Begründung: Oddo sei bei Camoranesi »äußerst professionell und gewandt zu Werke« gegangen.

In der Nacht vor dem WM-Finale 2006 erzählte Diego Armando Maradona Mauro Camoranesi, dass dieser Weltmeister werden würde. »In der Nacht vor dem WM-Finale in Berlin hat keiner geschlafen. Alle waren bis drei Uhr nachts wach und schlurften durch die Hotelgänge. Ich bin zu Ciro Ferrara (damals Co-Trainer) ins Zimmer, und er sagte zu mir: ›Ich habe Diego am Telefon.‹ Ich antwortete: ›Ja klar, grüß ihn von mir und sage ihm, dass ich mit ihm sprechen möchte‹. Dann ging ich wieder«, erzählte Camoranesi später dem Magazin *Guerin Sportivo*. Zehn Minuten später habe Ferrara ihm aber das Handy gereicht. »›Bleib ruhig, morgen wirst du Weltmeister werden. Schlaf gut ...‹ Da war wirklich Maradona dran, ich konnte es nicht fassen. Ich kannte Diego nicht persönlich, hatte noch nie mit ihm gesprochen. Das war mit das Emotionalste, was ich bisher erlebt habe«, sagte Camoranesi.

Brasiliens Weltmeister von 1970 wurden nach dem Triumph in ihrer Heimat von der Steuerpflicht befreit.

Bei der WM 2010 wehrte Uruguays Stürmer Luis Suárez in der letzten Minute der Verlängerung gegen Ghana beim Stand von

1:1 einen Kopfball von Dominic Adiyiah auf der Linie mit seiner Hand ab. Suárez wurde vom Platz gestellt, Ghanas Asamoah Gyan verschoss den fälligen Strafstoß. Uruguay erreichte im Elfmeterschießen das Halbfinale. Suárez wurde von seinen Mannschaftskameraden auf Händen durchs Stadion getragen. »Es war die beste Torwartparade der WM«, witzelte Suárez hinterher. Die Zeitung *Sunday Times* schreibt zu Suárez' Parade: Die »Hand des Teufels«.

Asamoah Gyan traf bei seinem Elfmeter in der Verlängerung des WM-Viertelfinals 2010 gegen Uruguay nur die Latte. Unmittelbar nach dem vergebenen Schuss pfiff der Schiedsrichter die Partie ab. Beim folgenden Elfmeterschießen war Asamoah Gyan der erste Schütze Ghanas – und traf. Ghana schied trotzdem aus.

Um sich auf die Hitze in Brasilien vorzubereiten, absolvierten Englands WM-Spieler 1950 ein Training in einem beheizten Flugzeughangar – in langärmligen Pullovern; England schied in der Vorrunde aus.

Uwe Seeler war der erste Spieler mit mehr als 20 WM-Einsätzen. Sein 1970 aufgestellter Rekord hatte bis 1998 Bestand, als ihn Lothar Matthäus überholte.

Die Spieler mit den meisten WM-Einsätzen			
Platz	Spieler	Land	Einsätze
1	Lothar Matthäus	Deutschland	25
2	Miroslav Klose	Deutschland	24
3	Paolo Maldini	Italien	23
4	Diego Maradona	Argentinien	21
	Uwe Seeler	Deutschland	21
	Władysław Żmuda	Polen	21
7	Cafú	Brasilien	20
	Philipp Lahm	Deutschland	20
	Grzegorz Lato	Polen	20
	Javier Mascherano	Argentinien	20
	Bastian Schweinsteiger	Deutschland	20
12	Rafael Marquez	Mexiko	19
	Per Mertesacker	Deutschland	19
	Lionel Messi (aktiv)	Argentinien	19
	Wolfgang Overath	Deutschland	19
	Ronaldo	Brasilien	19
	Karl-Heinz Rummenigge	Deutschland	19
	Berti Vogts	Deutschland	19

Paul Janes beantwortete die fünf Fragen seines einzigen Interviews nach der WM 1934 mit fünf Wörtern. Sie lauteten »ja«, »ja«, »nein«, »ja« und »warm«. Die dazugehörigen Fragen waren gewesen: »Herr Janes, Sie waren mit der Nationalelf in Italien?«, »Sind Sie mit dem Abschneiden zufrieden?«, »Hätten Sie Weltmeister werden können?«, »Der dritte Platz tut es auch?«, »Wie war es in Italien?«

Mit 71 Länderspielen war der große Schweiger und Abwehrspieler Paul Janes von 1941 bis 1970 deutscher Rekordnationalspieler. Nach der WM 1970 überholte ihn Uwe Seeler.

Zeit seiner Karriere hatte Gonzalo Higuaín, 2014 mit Argentinien Vizeweltmeister, immer wieder mit Gewichtsproblemen zu kämpfen, seine Nase dagegen hat keine besonderen Merkmale. Sein Spitzname ist »El Pipita«, die kleine Pfeife. Benannt wurde er nach seinem Vater Jorge Higuaín, der wegen der charakteristischen Form seiner Nase »El Pipa« genannt wurde.

Gonzalo Higuaín wurde im November 2006 für ein Spiel der französischen Nationalmannschaft nominiert. Higuaín verfügt neben der argentinischen auch über die französische Staatsbürgerschaft, weil er in Brest geboren wurde, wo sein Vater Jorge damals für den örtlichen Erstligisten Stade Brest spielte. Die Familie Higuaín zog aber kurz nach der Geburt Gonzalos zurück nach Argentinien, der Stürmer spricht kein Französisch und lehnte die Einladung für die »Équipe Tricolore« auch dankend ab. 2009 gab er schließlich sein Debüt für die argentinische Nationalmannschaft.

Nur Pelé, Uwe Seeler, Miroslav Klose und Cristiano Ronaldo gelangen Tore bei vier Weltmeisterschaften.

Uwe Seeler lernte seine Frau Ilka einst auf einem Silvesterball kennen.

Ein japanischer Wäschehersteller bot zur WM 2002 einen 145 Euro teuren grasgrünen BH namens »Hattrick« an. Inklusive Tornetzen an den Fußbällen nachempfundenen Körbchen.

Englands Kapitän David Beckham war im Juni 2002 der erste Mann auf dem Cover der Frauenzeitschrift *Marie Claire* überhaupt.

Spieler mit den meisten Toren bei Weltmeisterschaften				
Platz	Spieler	Land	Spiele	Tore
1	Miroslav Klose	Deutschland	24	16
2	Ronaldo	Brasilien	19	15
3	Gerd Müller	Deutschland	13	14
4	Just Fontaine	Frankreich	6	13
5	Pelé	Brasilien	14	12
6	Sándor Kocsis	Ungarn	5	11
	Jürgen Klinsmann	Deutschland	17	11
8	Helmut Rahn	Deutschland	10	10
	Gary Lineker	England	12	10
	Gabriel Batistuta	Argentinien	12	10
	Teófilo Cubillas	Peru	13	10
	Thomas Müller	Deutschland	16	10
	Grzegorz Lato	Polen	20	10

FINALE

Zinédine Zidane bestritt nach seinem Platzverweis nach dem Kopfstoß gegen Italiens Marco Materazzi im WM-Finale 2006 nie mehr ein Fußballspiel. Die französische Legende hatte ihren Rücktritt jedoch schon vor dem Finale angekündigt.

Materazzi hatte während des Finals Zidanes Schwester beleidigt. Nachdem der Verteidiger Zidane am Trikot festhielt, habe Zidane ihm gesagt »Wenn du willst, gebe ich dir mein Trikot nach dem Spiel.« Materazzi, zeit seiner Karriere bekannt für einen gewissen Hang zu Trash Talk, antwortete: »Ich bevorzuge deine Schwester, die Nutte.« So gab es Materazzi selbst Jahre später zu Protokoll.

Die FIFA sperrte Zinédine Zidane für den Kopfstoß gegen Marco Materazzi für drei Spiele. Materazzi, der seine Nationalmannschaftskarriere nach der EM 2008 beendete, musste zwei Spiele aussetzen. Zuvor hatten beide Spieler vor dem Gericht der FIFA erklärt, dass Materazzis Äußerungen, die zum Kopfstoß führten, ehrverletzend, aber nicht rassistisch gewesen seien.

2012 wurde vor dem Centre Pompidou in Paris eine 5 Meter hohe Statue enthüllt, die den Kopfstoß Zinédine Zidanes gegen Marco Materazzi im WM-Finale 2006 zeigt. Seit 2013 befindet sich das Stück im Arabischen Museum für moderne Kunst in ar-Rayyan in Katar. Zuvor stand das Denkmal einige Zeit an der Strandpromenade von Katars Hauptstadt Doha. Die Behörden in Doha hatten die Statue allerdings aus dem öffentlichen Raum entfernen lassen, angeblich nach Beschwerden konservativer Muslime.

Wenige Monate nach dem Finale von Berlin gab Marco Materazzi ein Buch mit dem Titel *Was ich wirklich zu Zidane gesagt habe* heraus. Das Buch enthielt 249 Sätze, die er vor dem berühmten Kopfstoß des Franzosen gesagt haben könnte. Zidane fand das mäßig ironische Werk »traurig«. Materazzi spendete die Erlöse des Buchs der Unicef.

Neuseeland schied bei der WM 2010 ungeschlagen in der Vorrunde aus. Die drei Unentschieden gegen Paraguay, die Slowakei und Italien reichten nicht zum Weiterkommen. Neuseeland blieb als einzige Mannschaft bei der WM 2010 ungeschlagen.

Brasiliens Mannschaftsarzt bei der WM 1962 ließ sich von den Betreibern eines Bordells schriftlich geben, dass die weiblichen Angestellten keine Krankheiten hatten.

Die niederländische Zeitung *Volkskrant* bezeichnete die »Schande von Gijón« bei der WM 1982, als sich Deutsche und Österreicher den Ball nach Deutschlands Führung zum 1:0 gemächlich hin- und herpassten, als »ein Stück Fußball-Porno, das in die Geschichte eingehen wird«.

ARD-Kommentator Eberhard Stanjek sprach während der zweiten Halbzeit von einer »Schande«, sein ORF-Kollege Robert Seeger rief die Zuschauer auf, ihre Fernsehgeräte abzuschalten. »In dem Moment dachte ich nicht an Konsequenzen. Aber es gab danach einen Riesenwirbel. Einige Spieler forderten sogar meinen Rücktritt, aber die Bevölkerung in Österreich stand voll hinter mir. Heute sind die Spieler meine besten Freunde«, sagte Seeger Jahre später dem *Spiegel*.

Zur »Schande von Gijon« hatte es kommen können, weil die letzten Gruppenspiele noch nicht zeitgleich stattfanden. Algerien hatte das letzte Gruppenspiel 3:2 gegen Chile gewonnen, und es war klar, dass durch ein 1:0 Deutschlands gegen Österreich im anschließenden Spiel beide Mannschaften weiterkommen und Algerien ausscheiden würde. So kam es.

Ab der EM 1984 und der WM 1986 fanden bei internationalen Turnieren die letzten Gruppenspiele immer zeitgleich statt.

Österreichs Stürmer Walter Schachner war der einzige Spieler auf dem Platz, der während der »Schande von Gijon« auch in der zweiten Halbzeit engagiert spielte. Er begründete sein Verhalten später damit, dass ihm keiner gesagt habe, dass sich die Mannschaften abgesprochen hätten, das Ergebnis zu verwalten. Ob es zu dieser Absprache wirklich aktiv kam oder ob es mehr ein stillschweigendes Abkommen gab, ist umstritten.

Vor dem letzten Gruppenspiel der WM 2014 zwischen Deutschland und den USA war bereits klar, dass beide Teams bei einem Unentschieden das Achtelfinale erreichen würden. Zwischen der Mannschaft von Bundestrainer Joachim Löw und der von seinem Vorgänger Jürgen Klinsmann trainierten USA gab es aber eindeutig keinen Nichtangriffspakt; Deutschland gewann 1:0, die USA qualifizierten sich trotzdem vor Portugal für die K.-o.-Runde.

Bei der WM 2010 halfen sich dagegen Spanien und Chile in den letzten zehn Spielminuten gegenseitig: Das 2:1 Spaniens reichte beiden Teams zum Weiterkommen.

Der spanische Puerto Ricaner Ricky Martin sang den offiziellen WM-Song der WM 1998 in Frankreich. Sein Song »La Copa de la Vida« war allerdings weniger beliebt und hinterließ nicht so einen bleibenden Eindruck wie die inoffizielle WM-Hymne »Carnaval de Paris« des englischen Produzenten Dario G.

Taribo West, bunt bezopfter WM-Teilnehmer mit Nigeria 1998 und 2002, arbeitet seit dem Ende seiner Profikarriere als Prediger für die Kirchengemeinde Shelter in the Storm. Als Jugendlicher verdingte sich der in einem Elendsviertel in Lagos geborene Ex-Profi zeitweise aber auch als Straßenräuber und Drogendealer.

Als West nach einem unglücklichen Gastspiel beim 1. FC Kaiserslautern 2002 nach Serbien zu Partizan Belgrad wechselte, war der Innenverteidiger offiziell 28 Jahre alt. Partizans damaliger Klubboss Žarko Zečević meinte jedoch: »Er ist zu uns gekommen, als er 28 war. Später fanden wir dann heraus, dass er eigentlich 40 war. Aber er hat immer noch gut gespielt, deshalb habe ich nicht bereut, dass er bei uns war.« Das sei bei einer nicht näher erläuterten sportärztlichen Untersuchung herausgefunden worden. West dementierte jedoch, sich zwölf Jahre jünger gemacht zu haben.

2015 kündigte West auf Twitter an, für das Amt des FIFA-Präsidenten kandidieren zu wollen. Passender Slogan: »Go West«.

Alfredo di Stéfano spielte für die Nationalmannschaften Argentiniens (6 Spiele, 6 Tore), Kolumbiens (4 Spiele, 0 Tore) und Spaniens (31 Spiele, 23 Tore). An einer WM nahm der Sohn italienischer und französischer Einwanderer und legendäre Stürmer Real Madrids der 1950er- und 1960er-Jahre aber nie teil.

Als di Stéfano am 7. Juli 2014 starb, trat die argentinische Nationalmannschaft im WM-Halbfinalspiel gegen die Niederlande mit Trauerflor auf.

Die ungarische Nationalmannschaft war bis zur Niederlage im WM-Finale 1954 gegen Deutschland 32 Spiele ungeschlagen.

Der Brasilianer Josimar Higino Pereira feierte sein Nationalmannschaftsdebüt während des dritten Gruppenspiels der WM 1986 in Mexiko. Dem 24-Jährigen gelang gleich ein spektakuläres Tor aus rund 25 Metern. Im folgenden Achtelfinalspiel gegen Polen dribbelte der Rechtsverteidiger zwei polnische Verteidiger aus und traf aus spitzem Winkel. Der vor der WM weitgehend unbekannte Josimar wurde als einziger Brasilianer in die Mannschaft des Turniers gewählt. Ein Jahr später wurde er verhaftet, weil er eine Prostituierte geschlagen hatte. Während des Karnevals von Rio de Janeiro 1990 wurde er beim Kokainkonsum erwischt. Josimar sagte Jahre später: »An einem Tag war ich arm, am nächsten eine Berühmtheit, die ganze Welt kannte mich. Die Blondinen kamen, das Training ging.«

Jeder der 23 Spieler im WM-Aufgebot Algeriens bei der WM 2014 spielte bei einem anderen Verein. Nur die beiden Ersatzkeeper spielten außerdem in Algerien. Es war das zweite Mal, dass die 23 Spieler des Aufgebots bei 23 unterschiedlichen Vereinen unter Vertrag standen: Bei der WM 2010 in Südafrika war das bei der Nationalmannschaft Serbiens auch der Fall gewesen.

Russlands aus Italien stammender Nationaltrainer Fabio Capello berief für die WM 2014 ausschließlich Spieler ein, die in der russischen Premjer-Liga spielten.

Kolumbien schied bei der WM in Italien 1990 aus, nachdem in der Verlängerung des Achtelfinalspiels gegen Kamerun der kolumbianische Torwart René Higuita beim Versuch, Torjäger Roger Milla auszudribbeln, rund 30 Meter vor dem Tor den Ball verlor und Milla ihn ins leere Tor schoss.

Erfolgreicher war fünf Jahre später eine Parade Higuitas in einem Länderspiel gegen England im Wembley-Stadion. Einen Schuss von Jamie Redknapp parierte der Lockenkopf mit zusammengeschlagenen Hacken. Zuvor war Higuita mit dem Kopf voran unter dem heranfliegenden Ball hindurchgesprungen. Wieso er Redknapps an sich harmlosen Distanzschuss nicht mit der Hand fing, weiß nur Higuita selbst. Aber immerhin erfand er so die legendär gewordene Skorpion-Parade. Der »Skorpion« war so spektakulär, dass zahlreiche Kinder und Jugendliche sich an der Parade versuchten. Irgendwann waren so viele Kolumbianer mit Kopf- und Brustverletzungen im Krankenhaus gelandet, dass Ärzte öffentlich davor warnten, die Parade des »El Loco« (der Verrückte) genannten Torwarts nachzuahmen.

Für einen mittleren Skandal sorgte der mit seinen 1,75 Meter Körpergröße für einen Torwart geradezu kleine Higuita 1991, als er den inhaftierten Drogenboss Pablo Escobar im Gefängnis besuchte und ihn auch als »Freund« bezeichnete.

1993 kam Higuita selbst für neun Monate ins Gefängnis. Pablo Escobar hatte nach seiner Flucht aus dem Gefängnis die Tochter eines reichen Kolumbianers und Bekannten Higuitas entführt. Der Millionär bat Higuita gegen eine Provision von 64 000 Dollar um Vermittlung. Higuita nahm das Geld an, sorgte für eine reibungslose Lösegeldzahlung und die Freilassung des Mädchens – und wurde von den Behörden wegen des nicht wirklich gesetzestreuen Verhaltens verhaftet und später verurteilt.

Seine Frau brachte ihm jeden Sonntag Schokoladenkuchen ins Gefängnis.

Nach seiner Freilassung setzte er seine Karriere fort und hütete mit Unterbrechungen bis 1999 das Tor der kolumbianischen Nationalmannschaft. 2002 und 2004 ergaben Dopingproben Rückstände von Kokain in Higuitas Blut. Er wurde jeweils gesperrt. Sein letztes Spiel als Profi absolvierte Higuita im Alter von 43 Jahren 2010 beim damaligen kolumbianischen Erstligisten Deportivo Pereira.

In der kolumbianischen TV-Sendung *Cambio Extremo* ließ sich Higuita bei diversen Schönheitsoperationen mit der Kamera begleiten. Das ZDF engagierte Higuita 2018 für das WM-Spiel

Japan gegen Kolumbien als Experten neben Oliver Kahn und Moderator Jochen Breyer.

Adolfo Valencia, während der unglücklichen WM 1994 mit zwei Toren Kolumbiens erfolgreichster Torschütze, wurde von Franz Beckenbauer »der Entlauber« genannt. Valencia absolvierte in der Saison 1993/94 25 Spiele beim FC Bayern München und erzielte dabei elf Tore. Während der Trainingseinheiten traf er öfter mal, sehr zum Ärger des Interimtrainers Franz Beckenbauer, die Bäume am Trainingsgelände der Münchner. Im Jahr 2000 spielte Valencia zusammen mit Lothar Matthäus bei den New York MetroStars in der nordamerikanischen Profiliga MLS.

Faustino Asprilla, 1994 neben Adolfo Valencia der einzige in Europa aktive kolumbianische WM-Teilnehmer, wurde auch »Octopus« genannt. Nicht etwa wegen seiner langen Extremitäten, sondern wegen seines großen Appetits. 1995 wurde der für den AC Parma in Italien spielende Asprilla in Kolumbien zu einer Bewährungsstrafe von einem Jahr verurteilt, weil er angeblich mit zwei Waffen in die Luft geschossen hatte. Später soll er einen Ladenbesitzer mit dem Tod bedroht haben, weil er sich von diesem um einen Hut bestohlen fühlte. Gerüchte, er habe 1994 eines seiner Pferde mit einer Pistole erschossen, erwiderte Asprilla mit der Bemerkung: »Hey, ich liebe Waffen! Aber ich erschieße doch nicht mein eigenes Pferd.« 2003 verließ er den chilenischen Verein CF Universidad de Chile nach wenigen Monaten wieder, nachdem er seine Mannschaftskameraden und einige Journalisten »aus Spaß« mit einer Waffe bedrohte. Eine Zeit lang verkaufte Asprilla in Kolumbien Kondome seiner eigenen Marke Tino.

Panamas Staatspräsident Juan Carlos Varela rief nach dem 2:1 gegen Costa Rica und der erfolgreichen Qualifikation zur WM 2018 den 11. Oktober als nationalen Feiertag aus.

Paraguays Präsident Fernando Lugo gab den Angestellten des öffentlichen Dienstes nach dem Viertelfinaleinzug Paraguays bei der WM 2010 den restlichen Dienstag frei. »Der Erfolg der ›Seleccion‹ verdient ein würdiges Fest, das Volk Paraguays will es so. Lasst uns feiern«, teilte der Präsident gönnerhaft mit.

Hugo Campagnaro, 2014 WM-Teilnehmer mit Argentinien, arbeitete zu Beginn seiner Profikarriere nebenbei als Sportjournalist für die argentinische Zeitschrift *Solo Futbol*.

Die französischen WM-Teilnehmer Augustin Chantrel und Marcel Pinel schrieben während der WM 1930 gleichzeitig auch Texte über die WM für *L'Auto*, dem Vorgänger der Sporttageszeitung *L'Équipe*. Der Herausgeber der Zeitung hatte sich »nur für eine unbedeutende Erhöhung der Verkaufszahlen« keinen bezahlten Sonderkorrespondenten leisten wollen.

Chantrel und Pinel leisteten sich in ihrer Tätigkeit als WM-Reporter einen üblen Streich auf Kosten ihres Mannschaftskollegen Célestine Delmer. Da sie diesen angeblich nicht ausstehen konnten, unterschlugen sie in ihrem Bericht über das Spiel gegen Chile Delmers Einsatz und schrieben stattdessen den nicht eingesetzten Marcel Pinel in die Startelf. Auch in den offiziellen Spielstatistiken des französischen Verbands stand Pinel in der Startelf. Erst 1992 flog die ganze Angelegenheit auf, als ein Mitarbeiter des Verbands einen genaueren Blick auf das damalige Mannschaftsfoto warf.

Im WM-Finale 2006 standen acht Spieler des italienischen Rekordmeisters Juventus auf dem Platz. Wenige Wochen nach Italiens Triumph wurde Juve wegen eines Manipulationsskandals in die Serie B zwangsversetzt. Die Weltmeister Gianluigi Buffon, Alessandro Del Piero und Mauro Camoranesi gingen mit in die Zweitklassigkeit.

Buffon ist der einzige italienische Weltmeister von 2006, der seine Karriere noch nicht beendet hat; seit Sommer 2021 spielt die Torwartlegende wieder für Parma, wo er seine Profikarriere 1995 begonnen hatte.

Daniele de Rossi, 2006 bei der WM mit 23 Jahren Italiens Youngster, beendete seine Karriere 2020 nach einem Gastspiel bei den Boca Juniors in Argentinien. Beim italienischen EM-Sieg 2021 war er Teambetreuer der »Squadra Azzurra«.

Lukas Podolski wurde bei der WM 2006 zum besten jungen Spieler des Turniers gewählt, vor Cristiano Ronaldo und Lionel Messi.

Per Mertesacker war unmittelbar nach seinem »Eistonnen-Interview« nach dem Achtelfinale der WM 2014 so sauer auf ZDF-Interviewer Boris Büchler, dass er den DFB-Pressesprecher anbrüllte – »Unfassbar, was der Kerl sich erlaubt. Unfassbar!« – und in eine Werbebande trat. Büchler hatte dem Verteidiger nach dem Spiel gegen Algerien zum Viertelfinaleinzug gratuliert und gefragt, weshalb das deutsche Spiel so schwerfällig gewesen sei. Im Laufe des Gesprächs hatte Mertesacker (»Wat wollen Sie?«) irgendwann gesagt: »Ich lege mich jetzt drei Tage in die Eistonne, und dann werden wir das Spiel in Ruhe analysieren.«

Einen Tag nach dem Interview hatte Mertesacker sich wieder beruhigt und zeigte Selbstironie. Er legte sich tatsächlich in eine Eistonne und postete das Bild auf Twitter und Facebook.

Als Mertesacker im August 2014 aus der Nationalmannschaft zurücktrat, lud er Boris Büchler zu sich nach London ein, um diesem im ZDF die Beweggründe seines Rücktritts zu erläutern.

Frankreichs Ersatztorhüter Grégory Coupet und Trainer Raymond Domenech gerieten am Ende eines Spaziergangs auf einem Gletscher auf rund 3000 Metern in einen so heftigen Streit, dass Coupet anschließend seine Sachen packte und das WM-Quartier (2006) verließ. Nach einer Stunde und vielen Telefonaten kehrte Coupet wieder zurück. Andernfalls hätte Frankreich das Turnier mit nur zwei Torhütern bestreiten müssen, nur verletzte Spieler im Kader durften zu dem Zeitpunkt noch getauscht werden.

Kurz vor der WM 2006 nahm der Erotikkonzern Beate Uhse zwei Vibratoren namens Olli K. und Michael B. aus dem Sortiment. Oliver Kahn und Michael Ballack hatten zuvor mit Klage gedroht. Eine Sprecherin des Unternehmens erklärte gleichwohl: »Wir hatten nie die Absicht, mit Vibratoren, die mit der Aufschrift Olli K. und Michael B. in den Shops zum Verkauf angeboten wurden, eine Assoziation mit Fußballspielern herzustellen.«

Das 8:0 gegen Saudi-Arabien im ersten Spiel bei der WM 2002 war der bisher höchste Sieg einer deutschen Mannschaft bei einer WM. Die Tore erzielten damals Miroslav Klose (3), Michael Ballack, Carsten Janker, Thomas Linke, Oliver Bierhoff und Bernd Schneider.

Das 3:8 im ersten Spiel gegen Ungarn bei der WM 1954 war die höchste Niederlage einer deutschen Mannschaft bei einer WM.

Italiens Francesco Totti verwandelte in der 5. Minute der Nachspielzeit im Achtelfinale der WM 2006 gegen Australien seinen Elfmeter zum 1:0. Es war der späteste WM-Elfmeter in der regulären Spielzeit der Geschichte.

Australien und Argentinien sind die einzigen Mannschaften, die WM-Spiele gegen die DDR, gegen die westdeutsche BRD und gegen die Mannschaft des wiedervereinigten Deutschlands bestritten haben.

Zico wurde während der WM 1978 ein Kopfballtreffer nach einem Eckball aberkannt, weil der Schiedsrichter das Spiel unmittelbar nach Ausführung des Eckballs beendete. Es wäre der Treffer zum 2:1 für Brasilien gewesen; mit dem Sieg hätte Brasilien seine Gruppe auf Platz 1 abgeschlossen und wäre in der damals gespielten 2. Finalrunde so dem späteren Weltmeister Argentinien aus dem Weg gegangen. Gruppensieger wurde damals übrigens Österreich statt Brasilien.

Zico, der auch »der weiße Pelé« genannt wurde, war 1990 bis 1991 Sportminister Brasiliens.

Romário vertrat seine Heimatstadt Rio de Janeiro von 2011 bis 2015 als Abgeordneter des brasilianischen Volkskongresses und seit 2015 im Senat. Er wechselte schon dreimal die Partei.

Begann er seine Abgeordnetenkarriere als Mitglied der Sozialisten, gehört er seit 2021 dem Partido Liberal des rechtsextremen Präsidenten Jair Bolsonaro an.

Roberto Dinamite, mit drei Toren treffsicherster Brasilianer bei der WM 1978, saß von 1995 bis 2015 fünf Legislaturperioden lang im Parlament des Bundesstaates Rio de Janeiro. Er gehörte der populistischen Partei PMDB an.

Der argentinische Badeort Mar del Plata ist der südlichste Ort, an dem je WM-Spiele stattfanden.

Diego Armando Maradona trainierte während der WM 2010 unter anderem seinen Schwiegersohn. Sergio Agüero war von 2009 bis 2012 mit Maradonas Tochter Giannina verheiratet; sie sind Eltern von Benjamin Agüero.

Der Patenonkel von Benjamin Agüero ist Lionel Messi.

Im Jahr 2013 bezeichnete Diego Armando Maradona seinen Ex-Schwiegersohn Sergio Agüero als »Schlappschwanz«, dessen Namen er »nicht mal in den Mund nehmen möchte«.

Agüero ließ während seiner bis 2022 dauernden Karriere meist seinen Spitznamen »Kun« vor seinen Nachnamen schreiben. Der Stürmer ist nach einem Comic benannt. Den Spitznamen verpasste ihm einst ein enger Freund der Familie, den Agüero selbst als »Großvater« bezeichnet. »Er nannte mich Kun, weil ich als kleines Kind nur ›koo‹ oder ›koom‹ sagen konnte«, erklärte Agüero einmal dem *Mirror*. Der kleine Sergio sah sich damals gerne eine japanische Comic-Serie namens *Kum-Kum* an; laut anderer Familienmitglieder sah der junge Sergio ähnlich aus wie *Kum-Kum*.

Argentiniens langjähriger Nationalkeeper Sergio Romero wird trotz seiner Größe von 1,92 Meter »El Chiquito«, der Kleine, genannt. Bei der WM 2010 und 2014 war Romero Stammkeeper Argentiniens, 2014 kassierte er bei der WM nur vier Gegentore, genauso wenig wie Manuel Neuer.

Argentiniens langjähriger Nationalspieler und Vizeweltmeister von 2014 Ángel Di María wird wegen seiner dünnen Beine und Arme auch »El Fideo«, die Nudel, genannt.

Jordan Letschkow, durch seinen Hechtkopfballtreffer mit dem Resthaar auf der hohen Stirn im Viertelfinale der WM 1994 zum Deutschland-Schreck avanciert, wurde 2003 in seiner bulgarischen Heimatstadt Sliwen zum Bürgermeister gewählt. 2008 wurde er wieder-, 2011 abgewählt.

2013 wurde Letschkow, der von 1992 bis 1996 im Mittelfeld des Hamburger SV spielte, wegen Amtsmissbrauchs zu zwei Jahren

Haft verurteilt. Letschkow legte Berufung ein und gewann. Später wurde er Vizepräsident des bulgarischen Fußballverbandes.

Bulgariens Superstar Christo Stoitschkow, von 1990 bis 1995 und 1996 bis 1998 beim FC Barcelona tätig und nach seiner überragenden WM mit Bulgarien 1994 zu Europas Fußballer des Jahres gewählt, war von 2001 bis 2017 bulgarischer Honorarkonsul in Barcelona. Nachdem Stoitschkow sich gegen Fälle von Polizeigewalt in Spanien positioniert hatte, wurde ihm der Titel wieder aberkannt.

Beim spanischen Zweitligisten SD Eibar ist seit der Saison 2021/22 ein Spieler namens Stoichkov aktiv. Der Torjäger wurde nach dem bulgarischen Spielgestalter benannt; der Vater des jungen Stoichkov war ein riesiger Fan.

Brasiliens 1994er-Weltmeister Bebeto taufte seinen jüngsten Sohn auf den Namen Matheus, benannt nach Lothar Matthäus. Die Geburt von Matheus feierte Bebeto nach seinem Tor zum 2:0 im Viertelfinale der WM 1994 gegen die Niederlande mit dem legendären Babywiegen-Jubel. Der Stürmer wurde damals dabei von seinen Teamkollegen Romário und Mazinho unterstützt.

Alle drei haben Söhne, die ebenfalls Fußballer wurden; Mazinho sogar zwei: Rafinha und Thiago Alcántara.

Rafinha und sein zwei Jahre älterer Bruder Thiago Alcántara, von 2013 bis 2020 beim FC Bayern München unter Vertrag, spielen für unterschiedliche Nationalmannschaften: Rafinha für Brasilien, Thiago für Spanien.

Thiago, wie Rafinha in Spanien aufgewachsen, hätte auch für die italienische Nationalmannschaft spielen können. Er wurde in San Pietro Vernotico in der Provinz Brindisi geboren; sein Vater spielte damals für den apulischen Erstligisten US Lecce.

Bebeto hatte 1991 einen Vertrag bei Borussia Dortmund unterschrieben. Jedoch wechselte er schließlich doch von Vasco da Gama in Brasilien zu Deportivo La Coruña, weil ihn der Präsident vor Ort in Brasilien noch mal bearbeitet hatte. »Wir haben damals zwar die FIFA eingeschaltet und auch eine Entschädigung, aber nicht den Spieler bekommen«, wie Dortmunds damaliger Manager Michael Meier *SPOX* verriet.

Der frühere italienische Nationalspieler Antonio Cassano nannte einen seiner Söhne Lionel – nach Messi.

Cassano sei neben Ronaldo der beste Spieler, den er je trainiert habe, sagte Fabio Capello einmal, der unter anderem die AC Milan, Real Madrid, Juventus Turin und die englische und russische Nationalmannschaft trainierte und so viele Stars anleiten durfte. Cassano schaffte es während seiner insgesamt 18 Jahre anhaltenden Profikarriere trotzdem nur zu einer WM: 2014 wurde das schlampige Genie und der Troublemaker in der Vorrunde zweimal eingewechselt.

Als Cassano 2006 bis 2007 bei Real Madrid spielte, nahm er vor allem an Gewicht zu. Am Ende brachte Cassano bei 1,75 Meter Körpergröße 91 Kilogramm auf die Waage. Superstar und Mannschaftskamerad Ronaldo nannte ihn »Gordito«, Dickerchen. Ronaldo selbst hieß damals schon »El Gordo«, der Dicke.

Der Begriff *Cassanate*, benannt nach dem zahlreichen Blödsinn und infantilen Streichen, die der Stürmer in seiner Karriere anrichtete, ist in den italienischen Sprachgebrauch eingegangen. »Antonio weiß genau, dass er langsam erwachsen werden muss, und er ist auf einem guten Weg«, sagte Italiens Weltmeister Gennaro Gattuso etwa 2012 einmal, »aber ich sage lieber nichts mehr. Nachher komme ich ins Teamquartier, und er hat das ganze Hotel zerlegt.«

Italiens Nationalcoach Cesare Maldini trainierte während der WM 1998 unter anderem seinen Sohn Paolo Maldini; am agilen Außenverteidiger lag es eher nicht, dass für die »Azzurri« bereits nach dem Achtelfinale Schluss war. Zum Elfmeterschießen gegen Gastgeber Frankreich trat Paolo Maldini gar nicht erst an.

Cesare Maldini wurde nach Italiens Aus bei der WM 1998 entlassen, 2002 erreichte er mit der Nationalmannschaft Paraguays erneut das Achtelfinale. Dort scheiterte sein Team an Deutschland. Cesare Maldini arbeitete anschließend nie mehr als Trainer. Paolo Maldini trat ebenfalls nach der WM 2002 von der internationalen Bühne ab; nach Italiens Ausscheiden gegen Südkorea im Achtelfinale trat der Superstar aus der Nationalmannschaft zurück. Trotz vehementer Bitten lehnte er sowohl vor der EM 2004 als auch vor der WM 2006 eine Rückkehr in die »Squadra Azzurra« ab.

Cesare Maldini nahm als Spieler an der WM 1962 in Chile teil, bei der Italien bereits in der Vorrunde ausschied. Bei der triumphalen WM 1982 war er Co-Trainer von Enzo Bearzot.

Durch sein sechstes Ligaspiel für die AC Milan bescherte Daniel Maldini am 7. Januar 2021 der Familie ein bemerkenswertes Jubiläum: Die Familie Maldini kam so zusammen auf 1000 Spiele in der Serie A für Milan. Großvater Cesare kam auf 347 Einsätze. Vater Paolo Maldini spielte während seiner 25 Jahre bei Milan 647-mal in der Serie A.

Alain Sutter erzielte sein Tor beim 4:1 seiner Schweiz gegen Rumänien bei der WM 1994 mit einem gebrochenen Zeh.

Jermaine Jones absolvierte drei Länderspiele für die deutsche Nationalmannschaft. Als er es 2008 nicht in den endgültigen EM-Kader schaffte und 2009 nicht für die Asienreise der DFB-Elf berücksichtigt wurde, gab er bekannt, künftig für die US-Nationalmannschaft spielen zu wollen. Dies war möglich, weil der in Frankfurt geborene Jones einen US-amerikanischen Vater hat und bis dahin nur Freundschaftsspiele für die DFB-Elf absolviert hatte. Bei der WM 2014 in Brasilien absolvierte er alle vier Spiele der US-Nationalmannschaft über die volle Länge.

Jermaine Jones ist nicht verwandt mit der langjährigen deutschen Nationalspielerin und späteren Bundestrainerin Steffi Jones, die wie Jermaine Jones aus Frankfurt-Bonames stammt und deren Vater ebenfalls ein in Deutschland stationierter US-Soldat war. Allerdings war Steffi Jones' Mutter die Tagesmutter von Jermaine Jones.

Gejus van der Meulen, der niederländische Torwart bei der WM 1934, hatte seine Karriere vor dem Turnier eigentlich schon beendet und arbeitete in Haarlem als Kinderarzt. Weil sich im ganzen Königreich offenbar kein geeigneter Keeper fand, ließ er sich zum Comeback überreden; die Niederlande schieden jedoch nach einem 2:3 gegen die Schweiz bereits in der ersten Runde aus.

»Das da vorn, was aussieht wie eine Klobürste, ist Valderrama«, sagte ZDF-Kommentator Béla Réthy bei der WM 1998 während einer Übertragung über Kolumbiens legendären Spielmacher mit der mindestens ebenso legendären blonden Lockenpracht. Als die *Süddeutsche Zeitung* in einem Interview 2010 feststellte, dass seit Valderrama kein Fußballprofi sich eine solche Frisur zu tragen getraut hätte, antwortete Valderrama trocken. »Nein. Da ist wirklich keiner nachgewachsen.«

In Valderramas Geburtsstadt Santa Marta wurde dem WM-Teilnehmer von 1990, 1994 und 1998 eine übergroße Bronzestatue errichtet, die Haare dagegen sind aus Gold.

Die Nasenpflaster, die Mitte der 1990er-Jahre unter Fußballern populär wurden und die ohnehin kultigen Panini-Bilder der Helden jener Zeit noch ein wenig kultiger machten, waren ursprünglich vom US-Unternehmen Breathe Right erfunden worden, um Menschen am Schnarchen zu hindern. Da die Pflaster aber durch das Heben der Nasenflügel die Sauerstoffzufuhr verbessern sollten, begannen auch Profisportler, sie zu tragen. Im Fußball machten sich vor allem der Italiener Pierluigi Casiraghi, der Deutsche Olaf Marschall und natürlich der Bulgare Trifon Ivanov zweifelhaft darum verdient, die Pflaster salonfähig zu machen.

»In Österreich lernte ich, Bier zu trinken«, verriet Trifon Ivanov in einem Interview anlässlich seines 50. Geburtstags im Juli

2015 dem Magazin *11 Freunde*. Von 1996 bis 2001 spielte der Bulgare bei Rapid Wien, Austria Wien und dem Florisdorfer AC. Vor seiner Zeit in Österreich trank Ivanov, den sie in seiner Heimat nur »Wolf« nannten, nur Wasser, Kaffee und Whisky. »Nie Wodka«.

Nach dem Ende seiner Karriere besaß Ivanov kurzzeitig eine Bank, baute eine österreichische Tankstellenmarke in Nordbulgarien auf und gründete vier Firmen, die sich mit Ölhandel beschäftigten. Ab 2014 arbeitete er auch für den bulgarischen Fußballverband. Der Kettenraucher starb im Februar 2016 mit 50 Jahren an den Folgen eines Herzinfarkts.

Gerard Piqué, spanischer Weltmeister von 2010 und ehemaliger Partner von Pop-Star Shakira, hat angeblich einen IQ von 170. Neben seiner Karriere belegte er an der Harvard University unter anderem den Kurs »The Business of Entertainment, Media and Sport«.

Piqué und die zehn Jahre ältere Shakira lernten sich beim Videodreh zum offiziellen Song der WM 2010 kennen. Im Video zu Shakiras Hit »Waka Waka« spielt Piqué sich in einer sehr kurzen Sequenz selbst. Der Legende nach soll die Liebesgeschichte mit einer SMS von Piqué begonnen haben. Am Tag nach dem WM-Eröffnungsspiel, vor dem Shakira aufgetreten war, soll der spanische Innenverteidiger die Sängerin gefragt haben, wie denn das Wetter in Südafrika sei. Shakiras Antwort muss Piqué so gefallen haben, dass er zurückschrieb, dass er unbedingt das Finale erreichen müsse, damit die beiden sich wiedersehen könnten. Geschrieben, getan. 2011 wurden sie offiziell ein Paar, 2013 kam ihr erster gemeinsamer Sohn Milan auf die Welt, 2015 folgte Sasha.

Schon 2006 avancierte Shakiras Hit »Hips don't lie« zu einer inoffiziellen WM-Hymne.

Gerard Piqué kaufte über seine Firma Kosmos Global Holding für insgesamt 3 Milliarden Euro für 25 Jahre die Rechte am Davis Cup und richtet den Tenniswettbewerb seit 2019 in neuem Modus aus.

Piqués wichtigster Partner bei Kosmos ist Hiroshi Mikitani, der CEO des japanischen Internetgiganten Rakuten. Von 2017 bis zum Ende der Saison 2021/22 war Rakuten Hauptsponsor des FC Barcelona – dank Piqué, der bei Mikitani ein paar gute Worte für seinen Heimatklub einlegte.

Argentiniens Nationaltrainer Diego Armando Maradona fiel während der WM 2010 unter anderem damit auf, dass er stets zwei Uhren trug. Die Uhr am rechten Handgelenk zeigte dabei die Ortszeit in Madrid, dem damaligen Wohnort seiner Tochter Giannina, die Uhr am linken Handgelenk die Uhrzeit von Buenos Aires, dem Wohnort der Legende und auch seiner zweiten

Tochter Dalma. Bei beiden Uhren handelte es sich um das Modell »Big Bang Limited Edition« der Schweizer Uhrenmarke Hublot.

Argentinien hätte bei der WM 2010 im schlimmsten Fall bis zum Viertelfinale ohne Nationaltrainer Diego Armando Maradona an der Seitenlinie spielen müssen. Nach der knapp überstandenen Qualifikation zur Endrunde hatte Maradona auf einer Pressekonferenz seine Kritiker beschimpft. »Denjenigen, die nicht an mich geglaubt haben, sage ich – die Damen mögen das entschuldigen –, ihr könnt mir einen blasen«, hatte Maradona gesagt. Die FIFA sperrte den reuigen Maradona schließlich im November 2009 für zwei Monate, im Raum hatte aber auch eine achtmonatige Sperre gestanden.

Das erste Spiel Argentiniens nach Ablauf der Sperre Maradonas war das Freundschaftsspiel gegen Deutschland im März 2010 in München. Nach dem 1:0-Sieg sorgte Maradona bei der Pressekonferenz erneut für Aufsehen, als er das Podium kurzerhand wieder verließ, nachdem der junge deutsche Nationalmannschaftsdebütant Thomas Müller neben ihm Platz genommen hatte. Später erklärte Maradona, den Spieler Müller nicht gekannt zu haben und bat um Entschuldigung. Im WM-Viertelfinale zwischen Deutschland und Argentinien traf Thomas Müller bereits nach drei Minuten zum 1:0. Argentinien schied am Ende nach einem 0:4 aus dem Turnier aus, Maradona wurde nach dem Turnier vom argentinischen Verband entlassen.

Thomas Müllers Tor zum 1:0 gegen Argentinien im WM-Viertelfinale 2010 war das 200. Tor Deutschlands bei einer WM. Richtig freuen konnte sich der Shootingstar der WM aber über diese Bestmarke nicht: Er kassierte wegen eines angeblich absichtlichen Handspiels die zweite Gelbe Karte im Turnier und musste daher im WM-Halbfinale gegen Spanien aussetzen. Dieses Spiel verloren die in der Offensive an jenem Abend weitgehend uninspirierten Deutschen mit 0:1. Im Spiel um Platz 3 erzielte Thomas Müller beim 3:2 gegen Uruguay seinen fünften Turniertreffer und wurde Torschützenkönig.

Thomas Müllers Tor zum 1:0 beim legendären 7:1 gegen Brasilien im WM-Halbfinale 2014 war das 2000. Tor der DFB-Elf.

Bei der WM 2010 trafen vier Spieler fünfmal: neben Müller noch Spaniens David Villa, der Niederländer Wesley Sneijder und der Uruguayer Diego Forlán. Weil Müller noch drei Vorlagen gab, entschied die FIFA, ihm die Torjägertrophäe zu überreichen. Von seinem Triumph erfuhr der damals 20-jährige Müller auf dem Rückflug von Südafrika nach Deutschland – Villa und Sneijder waren im WM-Finale torlos geblieben; Forlán erzielte für Uruguay das zwischenzeitliche 2:1 gegen Deutschland im Spiel um Platz 3 (Endstand 2:3).

Müller war einer von 14 Spielern im deutschen Kader, der 2010 seine erste WM absolvierte. So unerfahren war eine deutsche Mannschaft seit der ersten WM 1934 nicht mehr gewesen.

Nach dem Achtelfinalsieg gegen England fragte Thomas Müller am Ende eines TV-Interviews, ob er noch jemanden grüßen dürfe. Als der Reporter bejahte, grüßte der Shootingstar seine beiden Omas und seinen Opa. Es blieb einer der Fernsehmomente der WM.

Frankreichs Kapitän Laurent Blanc küsste vor jedem Spiel und nach jedem Sieg bei der WM 1998 Torwart Fabien Barthez die Glatze. Nach dem 2:1 im Halbfinale gegen Kroatien besuchte Frankreichs Staatspräsident Jacques Chirac die Équipe Tricolore in der Kabine und gab Barthez ebenfalls ein Küsschen auf die Glatze.

Ottmar Hitzfeld, im badischen Lörrach an der Schweizer Grenze geboren, dort aufgewachsen und von 2008 bis 2014 Schweizer Nationaltrainer, spricht perfekt Schweizerdeutsch. Hitzfeld hatte neben seiner Profikarriere ein Lehramtsstudium in den Fächern Mathematik und Sport absolviert. Nach dem Ende seiner Karriere im Jahr 1983 wollte er in den Schuldienst einsteigen. Weil das Schulamt aber mit Blick auf die lange Pause zwischen Studiumsende und Arbeitsbeginn eine Nachprüfung von Hitzfeld verlangte, entschied er sich aus Ärger, Trainer zu werden.

Hitzfelds Beiname während seiner Trainerkarriere war wegen seiner stets fair-korrekten, aber auch sehr sachlichen und teils strengen Art »General«. Sein Onkel Otto Hitzfeld war während des Zweiten Weltkriegs Infanteriegeneral der deutschen Wehrmacht.

Ronaldo ist der einzige Spieler, der gleichzeitig alleiniger WM-Torschützenkönig und Weltmeister wurde. 2002 erzielte der Brasilianer acht Tore, darunter beide Tore beim 2:0 im Finale gegen Oliver Kahn und Deutschland.

Oliver Kahn, trotz seines Fehlers beim ersten Treffer der Brasilianer beim WM-Finale 2002 völlig zu Recht zum besten Spieler der WM gewählt, produzierte 2009 in China eine zehnteilige TV-Castingshow mit dem Titel *I never give up – the Kahn principle*. In der Sendung wurden talentierte Nachwuchstorhüter gesucht. Gewinner Yin Depei durfte 2010 drei Monate mit dem Nachwuchs des FC Schalke 04 trainieren und besuchte zudem die Sportschule am Berger Feld. In der Saison 2021/22 spielte er in der zweitklassigen chinesischen League One für Quingdao Youth Island.

Der deutsche Literaturwissenschaftler und Schriftsteller Klaus Theweleit beschrieb in seinem 2004 erschienen Buch *Tor zur Welt: Fußball als Realitätsmodell* anhand von TV-Standbildern des TV-Finals von 2002, dass Schiedsrichter Pierluigi Collina viel mehr Schuld am 1:0 Brasiliens trage als Oliver Kahn. Der glatzköpfige Schiedsrichter sei nämlich gleich zweimal dem deutschen Mittelfeldspieler Didi Hamann im Weg gewesen: Hamann hatte unmittelbar vor dem 0:1 erst zu Christoph Metzelder, dann zu Christian Ziege passen wollen, doch beide Male habe Collina die Schussbahn unglücklich behindert. Ronaldo spitzelte Hamann den Ball schließlich weg, Rivaldo schoss aufs Tor, Kahn parierte unglücklich nach vorne und Ronaldo verwertete den Abpraller.

Neunmal erzielte der WM-Torschützenkönig im Turnierverlauf sechs Tore. Seit der WM 1978 erzielte der jeweilige WM-Torschützenkönig nur dreimal nicht sechs Tore: 2002 traf Ronaldo achtmal, 2006 und 2010 genügten Miroslav Klose und Thomas Müller jeweils fünf Treffer, um den Goldenen Schuh zu bekommen. Bei der WM 1962 in Chile genügten vier Tore, um Torschützenkönig zu werden. Diese Marke erreichten sechs Spieler, unter anderem mit Garrincha und Vavá zwei Spieler von Weltmeister Brasilien.

Bei der WM 2022 in Katar werden erstmals auch drei Schiedsrichterinnen und drei Assistentinnen dabei sein. Die Französin Stéphanie Frappart, die Japanerin Yoshimi Yamashita und Salima Mukansanga aus Ruanda werden die Schiedsrichterinnen sein. Die Berufung der Frauen ist nach Ansicht von FIFA-Schiedsrichterboss Pierluigi Collina »der Beweis dafür, dass die Qualität und nicht das Geschlecht« zählt. »Ich hoffe, dass das Aufgebot von Elite-Schiedsrichterinnen für wichtige Männerwettbewerbe schon bald keine Sensation mehr, sondern eine Selbstverständlichkeit ist«, so Collina.

Die niederländische Nationalmannschaft spielte bei den Weltmeisterschaften 1974 und 1978 mit alphabetisch geordneten Nummern. Torhüter Jan Jongbloed trug während der Turniere beispielsweise die Nummer 8. Einzig Superstar Johan Cruyff durfte seine angestammte Nummer 14 bei der WM 1974 behalten (1978 war Cruyff nicht dabei). Während alle anderen Spieler der »Elftal« die drei Streifen von Ausrüster Adidas auf Trikot und Hose spazieren trugen, waren Cruyffs Arbeitskleider lediglich mit zwei Streifen bestickt. Der Superstar hatte einen Privatvertrag mit Puma.

Julian Green hatte, als er bei der WM 2014 in seinem ersten WM-Spiel für die USA sein erstes Tor erzielte, noch kein Bundesligaspiel für seinen damaligen Verein FC Bayern München absolviert. Der einzige Profieinsatz für den da schon dreimaligen Nationalspieler war ein zweiminütiger in einem Champions-League-Spiel der Bayern gegen Dinamo Zagreb gewesen. Greens Tor in der Verlängerung des Achtelfinalspiels gegen Belgien zum 1:2 blieb bisher auch sein einziger WM-Treffer. Der in Oberbayern aufgewachsene Stürmer mit deutschem und US-amerikanischem Pass hatte bis August 2013 für die deutsche Junioren-Nationalmannschaften gespielt, im April 2014 hatte der deutsche US-Nationaltrainer Jürgen Klinsmann ihn erstmals für das US-Nationalteam nominiert.

Fritz Herkenrath, Deutschlands Torhüter bei der WM 1958, wurde während seiner aktiven Laufbahn »der fliegende Schulmeister« genannt; von 1956 bis 1961 arbeitete er als Sportlehrer an einer Essener Grundschule. Nach dem Ende seiner Fußballkarriere wurde er zum Professor an der Sportfakultät der Technischen Hochschule Aachen ernannt. Später arbeitete er als Studienprofessor an der Universität Düsseldorf. Herkenrath hatte zunächst Feldhandball gespielt, erst als Stürmer, dann als Torwart.

Xherdan Shaqiri ist der einzige Spieler, dem während eines WM-Spiels drei Tore mit dem linken Fuß gelangen. Der Schweizer erzielte seinen Hattrick 2014 beim 3:0 gegen Honduras im letzten Gruppenspiel.

Shaqiri war laut FIFA bei der WM 2018 der Spieler mit dem höchsten BMI. Laut offizieller Angaben wog der 1,65 Meter große Shaqiri bei der WM 2018 78 Kilogramm. Sein daraus resultierender Body-Mass-Index lag demnach bei rund 29. Der Spitzname des früheren Spielers des FC Bayern München lautet »Kraftwürfel«.

»Kraftwürfel« Shaqiri und seine Mannschaftskollegen Granit Xhaka und Stephan Lichtsteiner wurden während der WM 2018 von der FIFA zu Geldstrafen verurteilt, weil sie beim Spiel gegen Serbien mit ihren Händen den Doppeladler geformt hatten, das

Wappentier Albaniens. Shaqiri und Xhaka, deren Familien kosovarische Albaner sind, hatten beim 2:1 die Tore für die Schweiz erzielt, Kapitän Stephan Lichtsteiner hatte aus Solidarität mitgejubelt. Serbien betrachtet das Kosovo als seine autonome Provinz; insgesamt 115 Staaten, darunter Deutschland und die Schweiz, erkennen die Republik Kosovo als unabhängig an. Auch die FIFA, die UEFA und das IOC erkennen das Kosovo an. Die FIFA, die seit jeher allergisch auf politische Bekundungen reagiert, solange es nicht ihre eigenen sind, verurteilte die Torschützen dennoch wegen »unsportlichen Verhaltens« zu je 10 000 Schweizer Franken (damals rund 8700 Euro) Strafe, Lichtsteiner musste 5000 Franken zahlen. Granit Xhakas Vater Ragip war einst für mehr als drei Jahre in jugoslawische Gefangenschaft geraten, Amnesty International hatte für seine Freilassung gesorgt. Die Xhakas waren danach in die Schweiz geflohen.

Im Rahmen desselben Spiels hatte Serbiens Nationaltrainer Mladen Krstajić wegen eines verweigerten Elfmeters über den deutschen Schiedsrichter Felix Brych gesagt: »Ich würde ihn nach Den Haag schicken, damit man ihm den Prozess macht, so wie man uns den Prozess gemacht hat.«

Das UN-Kriegsverbrechertribunal in Den Haag hatte zahlreiche Serben wegen schwerster Verbrechen während der Jugoslawienkriege (1991–1999) verurteilt. Krstajić und der serbische Fußballverbandschef Slaviša Kokeza mussten 5000 Schweizer Franken Strafe zahlen. Der serbische Verband musste zudem

54 000 Franken für »diskriminierende Banner« und Schlachtrufe seiner Anhänger zahlen.

Neun der 23 Schweizer WM-Teilnehmer 2014 verdienten ihr Geld in der deutschen Bundesliga. Trainer Ottmar Hitzfeld war zudem Deutscher.

Bei der WM 2018 spielten sogar zehn Schweizer WM-Teilnehmer in der Bundesliga, darunter mit Yann Sommer (Borussia Mönchengladbach), Roman Bürki (BVB) und Yvon Mvogo (RB Leipzig) alle drei Torhüter.

Mark Schwarzer, Australiens Rekordnationalspieler und WM-Teilnehmer 2006 und 2010, hat auch einen deutschen Pass. Schwarzers Eltern Doris und Hans-Joachim waren fünf Jahre vor Mark Schwarzers Geburtsjahr 1972 von Stuttgart nach Sydney ausgewandert. Mark Schwarzer zog 1994 nach Deutschland und war Ersatztorwart bei Dynamo Dresden und dem 1. FC Kaiserslautern. 1996 wechselte er nach England, wo er 2016 seine Karriere bei Leicester City beendete. Bis heute ist er der Nichtbrite mit den meisten Einsätzen in der englischen Premier League. 2005 parierte er im entscheidenden WM-Playoff-Spiel gegen Uruguay zwei Elfmeter und sicherte den »Socceroos« so die Teilnahme an der WM in Deutschland. Es war die erste WM-Teilnahme Australiens nach 32 Jahren.

Mark Schwarzers Sohn Julian Schwarzer Garcia, ebenfalls Torwart, spielte in der Saison 2018/19 ein halbes Jahr für den bayerischen Regionalligisten FC Pipinsried.

Guus Hiddink wurde nach der WM 2002 zum Ehrenbürger der zweitgrößten südkoreanischen Stadt Busan ernannt. Bei der Heim-WM hatte der niederländische Trainer die Südkoreaner zu Platz 4 geführt. Die Fluglinie Korean Air bot ihm zudem an, die kommenden vier Jahre kostenlos in der First Class fliegen zu können, auch in der Hoffnung, Giddink würde seinen Vertrag in Südkorea verlängern. Giddink zog jedoch zurück in die Niederlande und übernahm die PSV Eindhoven. 2006 war Hiddink Trainer der australischen Nationalmannschaft. Bei den Weltmeisterschaften 1998 und 2014 betreute Hiddink die Nationalmannschaft seines Heimatlandes und führte die »Elftal« zu Platz 4 beziehungsweise 3.

Alle drei Tore Österreichs bei der bisher letzten WM-Teilnahme 1998 fielen in der 90. Minute: Toni Polster und Ivica Vastić gelang mit ihren Treffern gegen Kamerun respektive Chile jeweils der späte Ausgleich. Andreas Herzogs Tor per Elfmeter gegen Italien in der 2. Minute der Nachspielzeit sorgte lediglich für den 1:2-Endstand und konnte das österreichische Vorrunden-Aus nicht verhindern. Christian Vieri (49.) und Roberto Baggio (89.) hatten zuvor schon für Italien getroffen.

Die Weltmeister von 2014 lebten während der WM in Brasilien insgesamt vier Wochen lang in WGs im eigens für den DFB errichteten Campo Bahia. In Haus 1 lebten Miroslav Klose, Toni Kroos, Roman Weidenfeller, André Schürrle, Mario Götze und Shkodran Mustafi zusammen. In Haus 2 Kapitän Philipp Lahm, Thomas Müller, Mats Hummels, Christoph Kramer und Erik Durm. In Haus 3 Per Mertesacker, Mesut Özil, Jérôme Boateng, Sami Khedira, Lukas Podolski und Ron-Robert Zieler. Und in Haus 4 Bastian Schweinsteiger, Julian Draxler, Benedikt Höwedes, Manuel Neuer, Matthias Ginter und Kevin Großkreutz. Auch Bundestrainer Joachim Löw, seine Assistenten Hansi Flick, Andreas Köpke und Nationalmannschaftsmanager Oliver Bierhoff teilten sich ein Haus.

Nur in Haus vier blieben mit dem damaligen Dortmunder Kevin Großkreutz und dem damaligen Freiburger und nach der WM nach Dortmund gewechselten Matthias Ginter zwei Spieler in Brasilien ohne Einsatz. Die anderen Weltmeister ohne Einsatz waren der Dortmunder Erik Durm aus Haus 2 und die beiden Ersatzkeeper Roman Weidenfeller (BVB, Haus 1) und Ron-Robert Zieler (Hannover 96, Haus 3).

Das Campo Bahia ist 15 000 Quadratmeter groß, die Baukosten von rund 11 Millionen Euro wurden von einem Investorenkonsortium rund um das Münchner Ehepaar Christiane und Christian Hirmer erbracht. Nach der WM wurde aus dem Campo Bahia ein Luxusressort. Wer dort schlafen will, wo einst die späteren Weltmeister nächtigten, muss mindestens 250 Euro pro Nacht berappen.

Eine Nacht im »Belvédère Strandhotel« in Spiez am Thuner See, in dem die späteren Helden von Bern während der WM 1954 untergebracht waren, kostete im Sommer 2022 ab 310 Euro.

Matthias Ginter ist mit 20 Jahren und 176 Tagen am Finaltag der WM 2014 der jüngste deutsche Fußballer, der je Weltmeister wurde. Er war auch bei der aus deutscher Sicht desolat verlaufenen WM 2018 dabei, blieb aber in Russland als einziger deutscher Feldspieler ohne Einsatz. Für die EM 2016 wurde er zugunsten der deutschen Olympiamannschaft nicht nominiert.

Beim olympischen Fußballturnier gewann die deutsche Mannschaft um den Führungsspieler Ginter Silber hinter Brasilien. Im entscheidenden Elfmeterschießen gegen Brasilien verwandelte Ginter den ersten deutschen Elfmeter.

Matthias Ginters am 19. Januar 2020 geborener Sohn Matteo hat am gleichen Tag Geburtstag wie Matthias Ginter. Matteo ist die italienische Version des Vornamen Matthäus.

Deutschland war die einzige Mannschaft, die 2014 ihre WM-Spiele in sechs verschiedenen Städten absolvierte. Lediglich in

Rio de Janeiro (Viertelfinale und Finale) spielte die DFB-Elf im Turnierverlauf zweimal.

Das erste Spiel der WM 2014 für Deutschland gegen Portugal (4:0) war gleichzeitig das 100. deutsche WM-Spiel. Das DFB-Team war die erste Mannschaft, die diese Marke erreichte. Vor dem Start der WM 2022 in Katar ist Deutschland mit 109 WM-Spielen gemeinsam mit Brasilien Rekordhalter in dieser Kategorie.

Das 0:7 der nordkoreanischen Nationalmannschaft gegen Portugal bei der WM 2010 war das erste WM-Spiel, das in Nordkorea jemals live im Fernsehen übertragen wurde. Das überraschend knappe 1:2 gegen Brasilien im ersten Gruppenspiel hatte das Regime womöglich etwas übermütig werden lassen.

Die Musik zum Film *Die Mannschaft* zum deutschen WM-Sieg 2014 in Brasilien schrieb Helmut Zerlett, der als langjähriger Bandleader der *Harald Schmidt Show* bekannt wurde.

Auf dem Weg zum WM-Halbfinale 2006 in Dortmund streikte der DVD-Player im deutschen Mannschaftsbus. Bis dahin hatte Bundestrainer Jürgen Klinsmann seiner Mannschaft vor den Spielen immer mit einem Motivationsvideo eingeheizt. Auch im Stadion angekommen, lief nicht alles reibungslos, wie Sönke Wortmann, der Regisseur des Dokumentarfilms *Deutschland, ein Sommermärchen*, einmal der *Welt* sagte: »Die Mannschaft war zwei Stunden vor Anpfiff da und bei der Platzbesichtigung vor den Italienern auf dem Platz. Als der Gegner kam, machte er etwas Ungewöhnliches: Die Italiener gingen nicht auf die freie Spielhälfte, sondern auf die, wo die Deutschen waren. Später dachte ich mir, dass ihnen das bestimmt der Trainer empfohlen hatte, um damit vielleicht zu suggerieren, dass sie keine Angst haben. Ich will damit nicht sagen, dass solche kleinen Dinge Spiele entscheiden. Aber Kleinigkeiten wie diese gehören dazu.«

Sönke Wortmann spielte nach dem Abitur in der dritthöchsten deutschen Spielklasse für Westfalia Herne und der SpVgg Erkenschwick und stieg mit letztgenanntem Klub 1980 sogar in die Zweite Bundesliga auf. Nach dem Aufstiegsspiel beendete Wortmann aus mangelndem Ehrgeiz mit nur 21 Jahren seine aktive Karriere, studierte und wurde Regisseur.

Die Idee, die deutsche Fußballnationalmannschaft während der WM 2006 mit der Kamera zu begleiten, war Wortmann gekommen, als er ein ähnliches Projekt über den WM-Sieg der französischen Nationalmannschaft 1998 sah. Der DFB – und vor allem der damalige Teamchef Rudi Völler – sagten dem bekannten Regisseur und Produzenten aber mehrmals ab. Als Jürgen Klinsmann 2004 Bundestrainer wurde, stimmte der nach längerer Bedenkzeit zu. Wortmann und sein Team begleiteten das DFB-Team während des Confed-Cups 2005 und der gesamten Vorbereitung auf die WM und dem Turnier selbst. Aus 100 Stunden Filmmaterial entstand schließlich *Deutsch-*

land, ein Sommermärchen. Mehr als 4 Millionen Menschen sahen den mit dem Grimme-Preis prämierten Streifen im Kino; die Erstausstrahlung in der ARD sahen sich nochmals 11 Millionen Menschen an.

Kapitän Michael Ballack und Ersatzkeeper Oliver Kahn hatten nach dem in Stuttgart stattgefundenen Spiel um Platz 3 gegen Portugal 2006 keine rechte Lust mehr gehabt, sich in Berlin auf der Fanmeile von den Fans zu verabschieden. Die übrigen Mannschaftskameraden stimmten die Führungsspieler um, am 9.7.2006 ließ sich die DFB-Elf so von 500 000 Menschen auf der Fanmeile rund um das Brandenburger Tor für das Sommermärchen feiern.

Kroatiens Vizeweltmeister Ivan Perišić der WM 2018, in der Bundesliga für den BVB, VfL Wolfsburg und Bayern München aktiv, versuchte sich 2017 als Beach-Volleyballer. Er trat bei den Beach Volleyball Major Series in Poreč in seiner Heimat Kroatien an, verlor aber alle drei Gruppenspiele.

Die Ortschaft Marina di Campo auf Elba benannte eine Straße nach dem im Oktober 2010 verstorbenen Kraken Paul. Der Krake, während der WM 2010 als WM-Orakel in die Geschichte eingegangen, weil er alle Gewinner der Spiele mit deutscher Beteiligung und auch das Finale anhand seiner Futterwahl richtig voraussagte, war im Jahr 2008 vor der Ortschaft ins Netz gegangen. Den Großteil seines Lebens hatte Paul im Sea Life

Center Oberhausen verbracht. Am 20. Januar 2011 erhielt Paul auch ein Denkmal im Sea Life Center: Es besteht aus einem Fußball, auf dem eine Oktopus-Figur thront. Paul wurde nach seinem Tod eingeäschert.

Italiens Stürmer Mario Balotelli trug bei der WM 2014 auf Wunsch von Ausrüster Puma verschiedenfarbige Schuhe an den Füßen. Am rechten Fuß trug der Stürmer ein pinkes, am linken ein blaues Modell. »Als ich zum ersten Mal die Schuhe sah, dachte ich, der Typ von Puma sei verrückt geworden«, bekannte Balotelli.

ÜBER DEN AUTOR

Filippo Cataldo, 1980 in München geboren, ist Chefredakteur des Sportportals SPOX und mag Fußball zu sehr, als dass er ihn nur als Spiel auf zwei Tore verstehen will. Zuvor war er unter anderem Sport-Ressortleiter der *Schwäbischen Zeitung* und Redakteur bei der Münchner *Abendzeitung* sowie Leitender Redakteur der DAZN-Gruppe.